歴史文化ライブラリー

354

沖縄 占領下を生き抜く

軍用地・通貨・毒ガス

川平成雄

JN075744

吉川弘文館

目次

強制的軍用地接収と住民

占領下を生きる――プロローグ

1　占領下を生きる

アメリカ極東戦略の転換は、沖縄の戦略的価値の転換に繋がる。それまで、沖縄は〝忘れられた島〟〝神にみすてられた島〟であった。それが、米ソ冷戦の本格化、中国の成立、朝鮮戦争の勃発によって〝不沈空母〟〝太平洋の要石（かなめいし）〟へと姿を変える。

アメリカは、第二次大戦後当初は、極東戦略の要を中国に置いていた。だが、中国では、毛沢東（もうたくとう）率いる人民解放軍と蔣介石（しょうかいせき）率いる国府軍との間で内部革命が進行していた。日本は、「非軍事化の嵐」と「民主化の嵐」が吹き荒れていた。注目したのが、沖縄であった。沖縄は、当時、「ニミッツ布告」によって日本帝国政府のすべての行政権および司法権が停止されており、国際法上、いわば宙ぶらりんの状態に置かれていたのである。

沖縄に注目したものの、最大の障壁があった。それは台風であった。台風の脅威は、当時の米軍沖縄基地司令官をして「決定した南西諸島将兵の駐屯軍三万三〇〇〇人を残して全軍引き揚げる」との声明を出したほどで、はじめて遭遇する沖縄の台風に米軍がいかにショックを受けたかがわかる。このときの状況を、一九四五年から四六年にかけて沖縄に派遣されていたワーナー・B・バースオフ元海軍少尉は「台風後は、陸軍も海軍も沖縄を主要基地として確保する意欲を喪失していた。多くのアメリカ兵の沖縄滞在は、沖縄が復興するまでの暫定的なものであるということになっていた。少なくとも、その見解が広く行き渡っていた」(『琉球新報』二〇〇二年一月一五〜三〇日付)と回想している。そしてこう付け加えることも忘れない。「しかし、ふたつの大事件がその憶測を変えてしまったのである。ひとつは中国における共産主義の台頭、もうひとつは朝鮮戦争である。かくして沖縄の基地は太平洋地域における米国の最大関心事になったのである」と。

ここに、沖縄の苦難の歴史がはじまる。

沖縄は、一九四五年四月一日、米軍の沖縄本島上陸から、七二年五月一五日、沖縄返還までの二七年間、米軍政府・米国民政府(五〇年一二月五日、米軍政府を改称)の占領統治下に置かれる。日本が〝潜在主権〟〝残存主権〟を有しながら、二七年間も異民族国家の支配下にあったのである。このような状況は、異常といえる。なぜ、こうなったのか。その経緯をみてみよう。

沖縄の占領は、日本の占領とは異なり、沖縄戦と重なって進行する。沖縄占領の基本方針は、一九四五年一月一二日、米国統合参謀本部から太平洋方面米国艦隊最高司令長官宛に出された「日本の周辺離島における軍政府に関する指令」である。この中の重要な政治指令は、軍政府を樹立すること、軍政府の目的は軍事上の任務の遂行を可能な限り最大限に促進すること、軍政府の目的を推進する限りで現存する現地政府の機関を利用すること、にあった。この「指令」は、一九四五年四月一日の「米国軍占領下の南西諸島およびその近海居住民に告ぐ」に謳われた日本帝国政府の行政権および司法権の停止へと繋がる。

一九四六年一月二九日、連合国最高司令官総司令部は「若干の外廓地域を政治上、行政上日本から分離することに関する覚書」を発し、「沖縄を日本の範囲から除かれる地域」としたのである。

このような経緯を経て、米軍政府は、沖縄の占領統治政策を進めていくことになる。最初に取り組んだのが、住民の中央機関である「沖縄諮詢会」の設置であった。住民の中央機関といっても、その任務は、米軍政府の諮問にたいする答申、米軍政府への陳情具申、に限られていた。だが、米軍政府は、諮詢会を必要とした。なぜなら警察、教育、食糧配給、医療衛生などの業務のほかに、市長・市会議員選挙の実施、教科書の編纂、戸籍の整備、人口調査、土地認定作業をスムーズに進めるには諮詢会の「力」が欠かせなかったからである。やがて米軍政府は、沖縄人の行政能力を高く評価するようになり、それが諮詢会機構の整備、四六年四月二二日発令の「南西諸島米国海軍軍政本部指令第一五六号」による「沖縄民政府」誕生へと連なっていくことになる。

沖縄の行政機構は、その後、一九五〇年一一月四日には沖縄群島政府、五二年四月一日には琉球政府へと改組される。この中でも琉球政府は、アメリカの統治下にあったとはいえ、立法・行政・司法に関して一国的機能をもっていた。だが、七二年五月一五日、沖縄返還の日に消滅する。

本書は、つぎのことに焦点を絞り、異民族支配の二七年間にあっても、必死に生き抜いた沖縄の人たちの姿をとらえることにある。

第一点は、米軍の強制的土地接収による基地建設についてである。一九四七年末から翌四八年にかけての冷戦の本格化、四九年一〇月一日の中華人民共和国成立、五〇年六月二五日勃発の朝鮮戦争は、アメリカ本国政府をして極東における軍事戦略を転換させる重要な出来事であった。これまでアメリカ本国政府は、極東戦略の軸を中国に置く構想をもっていたが、中国に替え、沖縄に極東支配の拠点を置く政策をとる。つまり沖縄に恒久的な軍事基地を建設し、極東戦略のキーストーンとする策である。このとき、どのようにして基地建設のため農民の唯一ともいうべき生活手段である土地を強奪したのか、この実相に迫る。

第二点は、貨幣史上、類をみない通貨交換についてである。占領統治下の沖縄の人たちにとって、土地接収とともに、重要であったのが、二七年間の中で、五度も通貨交換を経験したことである。この小さな島で、なぜ五度も通貨交換をしなければならなかったのか。このことを、アメリカ本国政府の軍事的戦略および財政的戦略の中から探る。

第三点は、毒ガス貯蔵の発覚と住民の「見えぬ恐怖」との闘いについてである。一九六九年七月一八日、米軍基地内で致死性の毒ガス漏れ事故が発生した。毒ガスは、第一次（七一年一月一三日）、第二次（七一年七月一五～九月九日）、の二度にわたってアメリカ領ジョンストン島へ移送された。移送期間中、住民の生活は寸断され、心身の不調、経済的損失も少なくなかった。この実態をみる。

アイスバーグ作戦と沖縄戦

アイスバーグ作戦と住民

アイスバーグ（氷山）作戦

アイスバーグ作戦 OPERATION ICEBERG とは、米軍の沖縄進攻作戦の暗号名である。一九四五年一月六日、アイスバーグ作戦が完成した。沖縄本島上陸三か月前である。この作戦は、米軍が沖縄戦を戦い抜くための総合的作戦計画で、第二次大戦勃発以降の経験や教訓を盛り込み、沖縄占領に続く日本本土上陸までをも視野に入れた詳細な作戦であった。以下、本章では、米軍側の資料を軸に記述を進めることとする。

米軍の作戦計画は、当初、台湾を拠点に置いていたが、フィリピンを陥落させた後、重点を沖縄に移す。沖縄は、図1にみるように、戦略的にみて、重要な位置にあった。一九四四年一〇月三日、米国総合参謀本部は、南西太平洋地域司令官マッカーサー、太平洋地

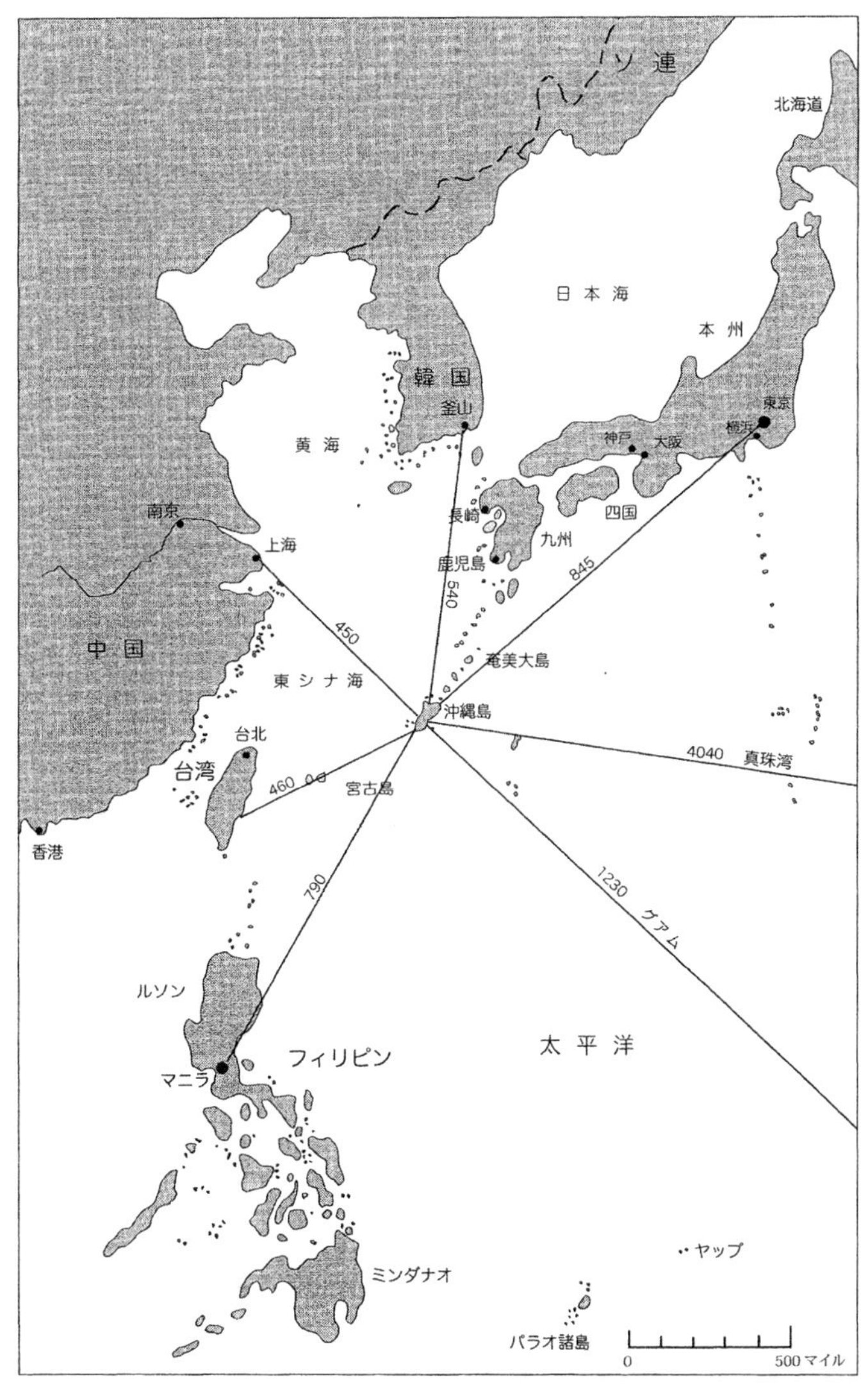

図1　西太平洋における沖縄の戦略的位置

出所：『沖縄県史 資料編14 琉球列島の軍政 1945-1950 現代2（和訳編）』（沖縄県教育委員会，2002年）19頁より作成．

域司令官ニミッツに対し、つぎの指令を出す（沖縄県公文書館所蔵）。

一　南西太平洋地域司令官は、ルソン島を占領し、基地を建設せよ。太平洋地域軍による南西諸島占拠のためのサポートを提供せよ。

二　太平洋地域司令官は、南西太平洋地域軍のルソン島占拠を艦隊によって援護しサポートせよ。南西諸島のひとつあるいはそれ以上の地点を占拠せよ。

三　南西太平洋地域司令官および太平洋地域司令官は、指示された作戦に対し、相互支援の調整をしたうえで軍隊や資源の交換に備えよ。それぞれの作戦にたいして中国・ビルマ・インド地域から最大限の支援を得るために同地域の米陸軍司令官と計画の調整を行なえ。

太平洋地域総司令部は、指令に基づき作戦計画立案の作業に入り、十一度もの修正を加え、完成したのが驚くべき詳細を極めた「アイスバーグ作戦」であった。全体像をみると、「本書」は、状況・任務・作戦・管理・指令と統制、の五章から成り、「付属文書」は、上級司令部および海軍支援軍・作戦地図・G―2（米軍情報機関）による現在の推定・情報・砲兵、艦砲、航空支援の計画と調整など一八部から構成されている（『沖縄県史　資料編12』、以下、ことわりのない限り、同資料による）。

アイスバーグ作戦の目的　周到に練られた米軍の沖縄進攻作戦、アイスバーグ作戦の目的は、つぎの戦略を遂行し、日本本土への上陸作戦の軍事基地を建設することの中にあった。

①　日本本土ならびに周辺海域から接近する敵海軍および航空隊を攻撃すること。

②　東シナ海海上を挟む地域における今後の作戦を支援すること。

③　日本帝国、アジア大陸、台湾、マレー半島、オランダ領東インド諸島の間でおこなわれている日本軍の海上および航空通信を遮断すること。

④　東シナ海から中国沿岸および揚子江（ようすこう）流域にわたる海上および航空通信の安全性を確立すること。

⑤　日本に対して間断ない軍事的圧力をかけること。

アイスバーグ作戦の任務・段階・上陸日　任務は、つぎのとおりである。アイスバーグ作戦の遠征部隊である第一〇軍は、陣地の攻略、防衛、展開による南西諸島の幅広い統制を最終目的とし、沖縄本島の攻略、占領、防衛、展開および南西諸島の制空権・制海権の確立を補佐する、というもので、つぎの三段階が必要とされた。

第一段階としては、上陸日六日前に進攻のための海軍投錨（とうびょう）地および水上機基地として慶良間島（けらまじま）を攻略する。

第二段階としては、全島の統制権を確立するため沖縄北部の伊江島（いえじま）を奪取・占領し、好立地条件にある地域に基地施設を追加して建設する。

第三段階としては、南西諸島の他の群島を奪取し展開するため、南西諸島にある我軍の陣地を拡張する。

上陸日は一九四五年四月一日を予定とする。

攻撃目標順位と避けるべき施設

攻撃目標の優先順位であるが、第一位は沿岸防衛砲および対空対地砲、第二位は敵軍集結地区、第三位は重高射砲飛行場、第四位は飛行場、第五位はレーダー・無線・無線方向探知機などの通信施設、第六位はサーチライト、第七位は弾薬および燃料の臨時集積所、第八位は軍事利用に転用した学校施設、第九位は兵舎地域、であった。そして攻撃を避けるべき施設としては、病院、連合軍捕虜（ほりょ）および民間人捕虜のキャンプ、那覇（なは）にある血清化学施設、橋、鉄橋であった。この戦略は、日本軍の重要拠点を徹底的に破壊すること、橋・鉄橋を確保して米軍の作戦を容易に進めること、「人間」にかかわる施設については可能な限り守ること、にあった。

アイスバーグ作戦にみる民間人の水・食糧・医療

アイスバーグ作戦では、米軍兵士たちへの水の供給とともに、民間人たちにたいする供給をも作戦計画の中に取り入れており、その補給については、つぎに挙げるような詳細で具体的な作戦計画を立てていた。

一　太平洋地域司令官は、軍政府の責任において二四万の住民に一人当たり一日〇・九五リットルの蒸留水を供給できる蒸留能力施設を提供する。

二　浄化装置の準備が整い次第、蒸留による水の供給を中止し、現地の水を浄化して供給するようにする。これも軍政府の責任において二四万人の住民に一人当たり一日一・九リットルとする。

そして水処理については、つぎのように詳細を極めた。

a　衛生に関する基準は、本指令部直属軍医によって適切な指令により決定される。全隊に分配された処理水は、医務局実験室の試験で、簡単な処理法でも十分であると判断されるまでは第一〇軍の飲料水特別処理法に基づいて処理する。

b　飲料水支給地点で分配される水は、塩素を混合してから三〇分後の塩素の残留量が1.0～1.5 ppm の間の値を表示されているものとする。

c　飲料水支給地点では、緊急時以外に直接河川もしくは既存の井戸から水を引いてはならない。自然泉や新しく掘った井戸又は地下洞穴の水を利用する。井戸や地下洞穴には少なくとも二〇フィートの天然砂や浸潤用砂利を用いる。

d　人間の利用に不適当な水の腐敗防止には、ケイ酸ナトリウムを使用する。天然の土壌をブロックとして使用してはならない。

そのうえで、住民の水の使用については、つぎのような制限を加える。

民間人は、部隊に水を供給する飲料水支給地点から水を汲んだり、その付近に集結してはならない。有刺鉄線のフェンスを張り巡らすこと、武装した歩哨をおくことも許可する。緊急用の民間人の水も軍団や師団の司令官の裁量で部隊の飲料水支給地点で処理してもよいが、水の配給は、飲料水支給地点を危険に晒すことのないよう陸地で行うようにする。民間人への水の補給は軍政府が実施する。

住民の食糧については、七万食のレーションを積載することになっていた。レーションとは、米軍の野戦用非常携帯食のことで、それにはチーズ、クラッカー、コーヒー、粉末ジュース、チョコレート、チューインガム、タバコなどが防水された紙箱に入っていたKレーションと肉や卵の入った缶詰のCレーションがあった。七万食の中味をみると、米＝二万七七四六キロ、大豆＝六九三五キロ、油脂＝九九三キロ、魚缶詰＝一九九一キロ、砂糖＝九九三キロ、食塩＝九九三キロ、である。そのほかに、一人一日当たりの基準として、米＝三七〇グラム、大豆（だいず）＝七六～一四グラム、油脂＝一四グラム、魚缶詰＝二八グラム、砂糖＝一四グラム、食塩＝一四グラムを一万レーション分が準備された。

水と食糧以外に、住民への医療行為については、つぎのように計画し、衛生用品は補給・輸送でまかなうことにした。

①　軍政府病院が地上に設置されるまで、軍隊の医療施設が軍の負傷者の手当てに支障のない範囲内で民間人に最小限度の医療行為を施す。

②　軍政府病院は、その施設が地上に建設された時点で民間人負傷者の医療手当の責任を負う。さらに、民間人用の衣服および経済活動補給品の支給については、補給・輸送でまにあわせるとの計画を立てている。

アイスバーグ作戦は、四四年夏から準備にとりかかった。アイスバーグ作戦が成功するかどうかの鍵は、海軍の輸送・補給システムにあった。このシステムは、多くの試練と失敗ののち、四五年にはほぼ完璧の域に達していた。洋上における燃料・物資の補給技術は、改善に改善を重ねた。一国家の頭脳と肉体と、力と威厳とが、ためされることになったのである（ハンソン・W・ボールドウィン『勝利と敗北』朝日新聞社、一九六七年、四二五頁）。また、アメリカ陸軍省戦史局編の『沖縄戦―第二次世界大戦最後の戦い―』（出版舎Ｍｕｇｅｎ、二〇一一年）は、「アイスバーグ作戦計画は、三年余の総力戦で蓄積された軍の総力

（兵士・兵器・船舶・飛行機）を一つにするものであった。この計画は、太平洋でかつて使用された陸・海・空軍の全集中力でもってする日本帝国の内部陵堡（りょうほう）に対する共同作戦を必要とした」（三三頁）と評価する。

「鉄の嵐」と「血の嵐」の沖縄戦

史上最大の大部隊結集

一九四五年四月一日、米軍は、ありとあらゆる兵力・軍事物資・艦隊を結集し、沖縄戦に突入する。「世界中から艦船をかき集めて編成された」史上最大の大部隊であった。艦隊の規模は、空母四〇隻以上、戦艦一八隻、駆逐艦二〇〇隻、数百隻の輸送船、巡洋艦、補給船、阻塞網敷設艦、潜水艦、掃海艇、砲艦、上陸用舟艇、哨戒艇、サルベージ船、修理艦など、総計艦船一五〇〇隻以上、兵員一八万二〇〇〇人であった（ハンソン・W・ボールドウィン『勝利と敗北』朝日新聞社、一九六七年、四二二頁）。

この編成でもって、図2にみるとおり、沖縄本島に上陸する。上陸の優先順位は、読谷および嘉手納、那覇、与那原、勝連半島および泡瀬、糸満、本部であった。上陸後は、つ

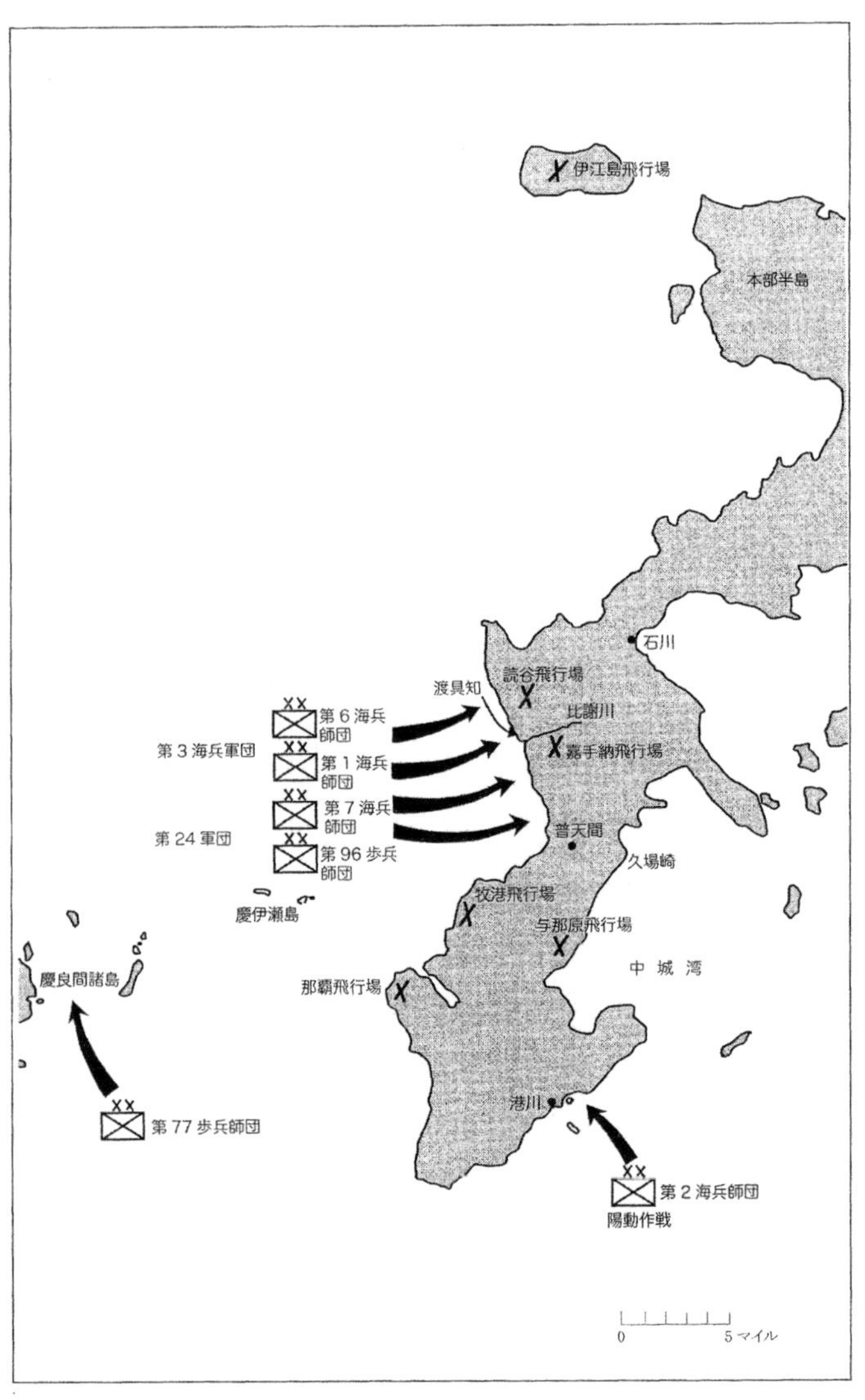

図２　米軍の進攻作戦

出所：図１に同じ，38頁.

図３　上陸日に沖縄本島へと向かう揚陸艇．後方には
艦隊所属の艦隊が見える．後方には歩兵揚陸艇
（キャプション：原文ママ，沖縄県公文書館所蔵）

ぎのことを徹底するとした（『沖縄県史　資料編12』一三二頁）。

①　海岸射撃統制観測手は、配備された直接支援船の統制を可能な限り、引き継ぐこと。

②　読谷および嘉手納地域、内陸部、海岸側面地域で無力化、破壊された火器を送り届けること。

③　上陸海岸地域や付近の水中から引き揚げた、まだ使用可能な砲撃能力のある全火器のうち、対砲兵用の火器を友軍に届けるよう配慮すること。

④　読谷および嘉手納地域の十分な支援砲火を引き続きおこなうこと。

だが、沖縄上陸は、米軍の予想に反

し、日本軍の反撃のない、「静かな上陸」であった。

ニミッツ提督は、「静かな上陸」について、つぎのように描写する。「四月一日の朝、太平洋のどの海岸にも加えられたことのないような猛烈きわまる艦砲射撃の後、第一〇軍は上陸行動を開始した。同時に、防禦軍の兵力を上陸拠点から他の方面に吸引するための偽瞞策として、第二海兵師団を主力とする陽動部隊が南東岸に偽上陸を行なった。第一〇軍の受けた上陸時の抵抗は、散発的な小火器および臼砲の砲火だけであった。その日のうちに五〇、〇〇〇名の陸軍部隊と海兵隊が上陸し、前衛部隊は早くも二つの飛行場を占領した」（C・W・ニミッツ、E・B・ポッター『ニミッツの太平洋海戦史』恒文社、一九六二年、四三七頁）と。

「嵐の前」の静かな上陸

兵士のユージン・B・スレッジは、『ペリリュー・沖縄戦』（講談社、二〇〇八年）の中で、「静かな上陸」について、このように、書き記している（二九〇頁）。

最初の驚きがおさまると、みんな笑ったり冗談を言ったりしはじめた。緊張から解放されたあの安堵感は忘れられない。われわれはアムトラックのコンパートメントの縁に腰かけて、歌を歌ったり、取り巻く巨大な艦隊について感想を語り合ったりしていた。銃弾や榴散弾に当たらないようにと、頭を下げてうずくまる必要はなかった。

この戦争でいちばんのうれしい驚きだった。

そしてユージンは、「静かな上陸」を象徴するエピソードをも記している（二九八・二九九頁）。

私が目にした少しばかり笑える話を紹介しよう。二人の沖縄女性とその子供たちの話である。止まれの号令がかかり、あわただしい進軍がふたたび始まるまで「一〇分休憩」を命じられたわれわれの分隊は、丘の中腹にある典型的な沖縄の水場の近くで休憩をとった。……われわれは、二人の女性と子供たちが水を飲む姿を見ていた。当然ながら、なんとなくびくびくして、こちらを気にしているようだったが、幼子を抱えていればしなければならないことがある。一人が石の上に腰かけて、キモノの胸を平然とはだけ、赤ん坊に乳を含ませはじめた。

その間、上の男の子（四歳くらい）は母親の履物をいじって遊んでいたが、すぐに飽きて、母親の気を惹こうとちょっかいを出しはじめた。もう一人の女性も小さい子を抱えていて手がふさがっていたから、どうしようもない。母親は退屈している男の子をしかりつけたが、子供は赤ん坊を踏みつけて母親の体によじ登り、邪魔しはじめた。どうするのかと興味津々で見ていると、怒った母親は赤ん坊の口から乳首をはずし、むずかる兄の顔に向けた。そして、まるで牛の乳をしぼるように自分の乳をし

図４　沖縄本島上陸後，海水浴を楽しむ米軍兵士たち
（沖縄県公文書館所蔵）

ぼり、子供の顔に勢いよく飛ばした。驚いた兄は、乳の入った目をこすりながら、声を張り上げて泣きだした。

われわれは脇腹を押さえて笑い転げた。女性たちは目を上げ、何を笑っているのかと怪訝(けげん)そうだったが、それでも、緊張が解けて笑顔になった。顔に乳をかけられた子供も泣きやんで、笑いはじめた。

このようなつかの間の情況ののちに彼らをまっていたのは、世界の戦史上、類をみない、「鉄の嵐」と「血の嵐」であった。米国統合参謀(さんぼう)本部は、日本本土防衛軍であり、本土防衛のための捨石(すていし)でもあった沖縄守備軍の第三二軍を陥落(かんらく)させるには、およそ二か月かかると睨(にら)んでいた。だが、第三二軍は、執拗に抵抗する。沖縄戦に関する文献・論文は、数多あり、分析の根底にあるのは、米軍の強力なまでの武器・兵力、日本軍の脆弱なまでの武装、これこそが沖縄戦の決定的な「差」とするが、そうではない。

ここでは、陸上自衛隊幹部学校が編集した『三二Aを中心とする日本軍の作戦』（第2巻）および『第一〇Aを中心とする米軍の作戦』、最後の沖縄県知事島田叡の側近の一人であった浦崎純の『沖縄戦秘史　島田知事』（『世界週報』第十一号）を用いて苛烈な戦闘の状況をみる。

総攻撃の開始

一九四五年四月一九日未明、首里陣地にたいする総攻撃が開始された。六五〇機におよぶ米海軍機は、ロケット、ナパーム、機銃弾で攻撃を繰り返す。攻撃は、沖縄作戦の中で最大のものであった。陸上では三二〇門の一〇五ミリ・八インチ砲が、午前六時から四〇分間で一万九〇〇〇発を首里陣地にぶち込む。これは、第二次大戦中最大の集中砲撃であった。砲弾煙は地を覆い、閃光は天に達し、山野はその姿を変えた。

午前六時四〇分、莫大な鉄量によって、なす術もないであろう日本兵を想像しながら、攻撃部隊は前進をはじめる。だが、期待は完全に裏切られた。日本軍は砲爆撃を受けている間は洞窟に潜み、最適の時期に洞窟を出て戦闘配置につくのである。米軍は、当初、火焰戦車で相当の戦果を挙げたが、ひとたび歩兵戦闘域内に入ると、前進は阻止された。かろうじて奪取した地帯は、すぐに奪還された。日本軍は、自軍の迫撃砲弾を浴びながらも逆襲してくるのである。

午前七時三〇分、嘉数高地（現宜野湾市）に対し、戦車三〇台、自走砲、火焔放射器でもって攻撃を開始するが、歩兵は釘付けにされ、進退窮まったままであった。午前一〇時頃、嘉数集落に入り、火焔放射器で集落を焼き払った。しかし、歩兵戦を分離して攻撃部隊のポケット内に入った日本軍は、対戦車砲、肉弾攻撃をしかけてくる。三時間にもわたる戦闘ののち、攻撃部隊は反転して旧戦線に復帰した。この日失った戦車は二二台にものぼった。米軍の損害を大きくしたのは、日本軍が米軍の総攻撃直前に、最大の力を傾けて守備部隊の再編をおこない、攻撃に備えていたからであった。

総攻撃は失敗であった。突破に成功した地点は皆無であった。いたるところで日本軍はよく守り、米軍は撃退された。攻撃のための前進が可能であった地域は、出発線と敵陣地との中間地帯にすぎなかった。この日の戦闘で、米軍は、戦死および行方不明七二〇人を出した。

総攻撃の再開

四月二〇日から二四日にかけての戦闘は、沖縄作戦の中でも類をみない苦戦の連続であった。全師団は、日本軍と寸土を争う激闘を続けた。洞窟、墓地、坑道、壕などの陣地に対し、間断ない攻撃を加えた。迫撃砲、砲兵の火力、装甲火焔放射器が広範囲にわたって用いられた。歩兵は、血みどろの攻撃と至近距離での手榴弾戦を闘った。

日本軍は、陣地を死守して寸土も与えなかった。最初の四日間は、局地的にわずかの突入をおこなった以外、みるべき戦果はなかった。だが、二四日には堅陣を誇った嘉数高地をはじめ、西原（現西原町）、棚原（同）などの要害は米軍の手に落ちた。日本軍は、米軍が一九日に攻撃を開始して以来の五日間、頑強に闘い、日に数ヤードしか土地を与えず、嘉数などでは日に一歩も地を踏ませなかった。十数回にわたり取ったり、取られたりの激闘を繰り返し、昼間は米軍が、そして夜は日本軍が奪還するという激烈を極めた戦闘であった。しかし、二三日夕刻には日本軍の陣地も突破され、戦力が極端に消耗し、急転直下、支え難い状態に陥ったのであった。

四月二七日、島田知事は急迫した情勢に備えるため、未占領の南部地区緊急市町村長会議を召集する。弾丸が飛び交う戦場を突破しての全員参加であった。警察署長を加えた、最初で最後の「戦場市町村会議」が開かれる。議題の中心は、戦場で食いつなぐ食糧の確保にあった。行政担当者の最大の恥辱は、餓死者を出すことであり、なんとしてもこれを避けねばならなかった。結論は、イモの夜間植え付け、大豆・その他雑穀の夜間収穫であった。荒れ狂う壕の外の「鉄の嵐」の中を「居市町村」へと帰る顔、顔、顔には悲壮決死の色が濃かった。

日本軍の反撃

日本軍砲兵は、攻撃支援のため全員「洞窟」より出された。この洞窟こそ、すべての面で劣勢におかれていた日本軍が徹底したゲリラ戦法をおこなうことを可能にした。第二次大戦において最大規模といわれる艦砲射撃に耐え、爆撃機から落とされる無数の弾薬に耐え、住民や日本兵が生き延びることができたのも、洞窟があったからである。

米軍の航空攻撃に備えて各野砲陣地は、高射砲で援護されていた。五月四日午前四時三〇分より攻撃が開始された。米軍は弾幕射撃で高射砲を制圧し、航空観測により精密射撃をおこなった。これに対し、日本軍の砲撃は、開戦以来、最も熾烈を極めたものであった。陸上部隊の攻撃と連携してなされた「神風」特攻隊は相当な戦果を挙げ、一七隻の軍艦が沈められ、六八二人の死傷者を出した。幸地（現西原町）では、日米両軍の間で激烈な射撃戦が展開する。この間に、日本軍は、棚原高地を占領した。数時間後に奪回するも、日本軍は頑強に抵抗し、米軍は甚大な損害を蒙った。日本軍の戦死四六二人、米軍の死傷者七一四人を数えた。

日本軍の航空攻撃

五月二一日から五月末にかけての戦闘は、「雨と泥」の中での戦闘であった。地上戦が雨のためほとんど停滞させられている間も、米軍は日本空軍との戦闘を続けた。日本軍の航空攻撃の主目標は、船舶と飛行場に向けられていた。米空軍は地上軍のための支援作戦に加担する一方、日本本土からの迎撃戦や九州の日本軍航空基地の攻撃を遂行した。同時に、戦略爆撃機の日本本土空襲は、絶え間なくおこなわれた。

日本空軍は、五月二〇日・二二日・二三日と攻撃を加えてきた。二四日は強力なものとなり、七回の空襲があった。七回目の襲撃五機は、午後一〇時三〇分読谷飛行場に侵入してきた。四機を撃墜したが、一機は強行着陸し、乗っていた空挺部隊が攻撃をはじめる。空挺部隊は、翌二五日全員戦死したが、航空機三三機が破壊・破損したほか、六〇〇個のドラム缶入り燃料集積場二か所が炎上し、飛行場は二五日午後八時まで使用不能となった。二四日・二五日は空挺攻撃とともに、伊江島飛行場、米艦船にたいする攻撃があった。二七日・二八日の両日も猛烈を極めた。しかし、これを最後として、六月に入るといちじるしく規模は縮小し、特攻攻撃は二回おこなわれただけであった。

日本軍の航空攻撃は、かつてみられないほどすさまじいものであった。沖縄への空爆は八九六回あり、約四〇〇〇機が撃破され、うち一九〇〇機は特攻であった。沖縄作戦の特

表1　日本軍の航空攻撃　単位：機

次	月　日	海軍機	陸軍機	計
1	4月6日～7日	230	125	355
2	4月12日～13日	125	60	185
3	4月15日～16日	120	45	165
4	4月27日～28日	65	50	115
5	5月3日～4日	75	50	125
6	5月10日～11日	70	80	150
7	5月24日～25日	65	100	165
8	5月27日～28日	60	50	110
9	6月3日～7日	20	30	50
10	6月21日～22日	30	15	45
合　計		860	605	1,465

出所：陸上自衛隊幹部学校編『第十軍を中心とする米軍の作戦』181頁より作成.

図5　5月24日夜の北（読谷）飛行場への強行着陸・奇襲攻撃で戦死した若い隊員
（『読谷村史　戦時記録　上巻』）

攻で最も注目すべきことは、艦艇と船舶にたいする攻撃の強烈さと規模の大きさであった。四月六日から六月二二日までの間、表1にみるように、一〇回の組織的攻撃があった。一四六五機が使用されたが、日を追うごとに減少しており、とくに六月に入ってからの激減は甚だしい。

このほか散発的で小規模の特攻攻撃がなされ、出撃回数は一九〇〇回に達した。この激

図6　戦闘神経症患者の米兵たち
（沖縄県公文書館所蔵）

烈な日本空軍の攻撃により、船舶二八隻（うち二六隻は特攻機による）が沈没、二五五隻（うち一六四隻は特攻機による）が破損した。特攻機の命中率が高かったのは、駆逐艦であった。

五月末の日本軍・米軍戦力の消失

五月末時点における日本軍の状態をみると、精鋭部隊は破砕（はさい）され、消耗し尽くしていた。そのため部隊は、臨時編成と正規戦闘の混合部隊とならざるをえなかった。また戦死者は七万二〇七〇人、うち伊江島四八五六人、沖縄本島北部三二一四人、沖縄本島南部六万四〇〇〇人であった。捕虜は、わずか二一八人にすぎなかった。捕虜の精神状態からみても、士気（しき）は旺盛であった。日本兵は死ぬまで戦った。負傷した者は、間もなく死ぬ。死なぬ者は、再び前線で戦う。したがって、日本軍の人員消耗は一種類しかない。死者だけである。

米軍の状態をみると、戦死四五八九九人、負傷二万一一七一人、行方不明二八四四人であった。非戦闘消耗の多くは、戦闘神経症者である。最大の原因は、集中射撃と狂気のような接近戦闘によるもので、一万四〇七七人にのぼった。

首里の戦線は、日に日に苛烈さを極めていく。南部の石部隊（第六二師団）からは増援のため夜陰に乗じて兵力の移動が続けられた。だが、後方遮断を意図した米軍は、南部地区に向けて艦砲、地上砲を叩き込む、という作戦をとる。無限ともいうべき鉄量を用意しての作戦であるだけに、海・空・陸からの猛攻は、かつて人類が想像しえなかったものであった。

日本軍の首里脱出と米軍の首里占領

五月二一日夜、首里洞窟内では、日本軍最高首脳会議が開かれ、今後の行動方針についての協議がなされた。最後まで首里を死守するか、知念半島に撤退するか、沖縄本島南部に撤退するか、の三案であった。協議の結果、沖縄本島南部と決定した。理由は、戦闘を長期化させて時をかせぎあくまで米軍に消耗を強いること、陣地および相当量の軍需物資を利用できること、知念半島に比べ撤退が容易であること、にあった。撤退は五月末から開始することとし、秘匿の内に進められた。ちょうどこの時期は、「雨と泥」のため、米軍が日本軍を攻めあぐんでいた時期であった。

五月二八日、米第一〇軍の情報部隊は、幕僚会議で「日本軍は首里北側の戦線を固守することが最良の方策であると考えているように見える。わが方は、首里陣地を漸次包囲するのが得策ではないか」と述べる。この日、海兵隊斥候は、首里西方の日本軍陣地から兵が撤退した証拠を見つける。翌五月二九日、バックナー将軍は「日本軍は南に引き揚げようとしているらしいが、事態はもうすでに遅い」と語る。五月三〇日、情報部隊は、再度の幕僚会議で「敵は一つの外殻を以て首里戦線を固守しているが、部隊の主力は別のところにいる。そして首里ポケットと称せられそうな地域に約五〇〇〇の日本軍がいると思われる。しかし、日本軍の主力がどこにいるかは不明である」と述べ、翌三一日には「敵は、西は那覇港と小禄半島から、東は与那原南方馬天港に至る高地を次の戦線となすであろう」と提言する。だが、バックナー将軍は「日本軍はすでに首里撤退の決定を行った。われわれは、二日遅すぎた」と結論づける。実際、日本軍の主力部隊が首里陣地から撤退したのは、二六日から二八日にかけてであった。

首里付近にあった地下壕の野戦病院では、首里放棄に先立ち、重傷患者に乾パン一個と、手榴弾一個が渡された。自決を示唆する最後の措置であった。傷ついた兵士で、どうやら歩ける者は、危うい足取りで歩いた。這える者は這い、いざれる者はいざって、南へ南へと悲しき前進を続ける。彼らの頭上には戦闘機グラマンが飛び、偵察機のトンボが舞っていた。だが、彼らにはグラマンの機銃掃射も、海・陸の砲火も、恐れる様子はなかった。運を天に任すというより、運を敵に任す、という悲惨なあきらめであった。サトウキビを杖にして歩く者、肩を抱き合って歩く者、彼らはサトウキビ畑や道端で休み、また歩く。この悲惨な行進は、沖縄戦の完全敗北への前奏曲でもあった。哀れなのは、女子挺身隊である。軍とともに行動していた彼女らをまっていたのは、「自然解散という悲しい最後」、であったからである。

日本軍の崩壊と米軍の後方状況

日本軍の精鋭は首里戦場で崩壊し、沖縄本島南部に後退した戦闘部隊、不正規部隊の中から、毎日一〇〇〇人が戦死していった。生存した者も、不統制な雑部隊の大群となり、総合的に調整された防禦を展開することは困難であった。六月一三日から一七日にかけての戦闘において、国吉高地（現糸満市、以下の地名も同）、与座岳、一五三高地など前線の主要拠点が破壊された。六月一七日、第三二軍牛島満司令官は「一五三高地は、全軍の最終の運命を決する緊要な地点である」と命令し、翌一八日未明、一五三高地の奪回攻撃を敢行したが、全員戦死した。六月一八日、第三二軍の最後の正式命令において、鉄血勤皇隊は沖縄本島北部に脱出して遊撃戦を実施するよう命じたが、ほとんど失敗に帰した。

日本軍残存部隊は摩文仁（まぶに）、真栄平（まえひら）、山城（やまぐすく）付近に潜み抵抗を続けるが、六月二二日真栄平は奪取され、日本軍の組織的抵抗は一応終了する。五月二二日から六月二一日までの米軍の人員消耗は、戦死一五五五人、負傷六六〇二人であったが、衝撃的であったのはバックナー将軍の戦死であった。

日本軍の士気低下の要因は、①最後の勝利の希望を失ったこと、②戦力の喪失、とくに砲兵力の低下、③転属、再編が頻繁であったための団結の不充分さ、④医療および補給の不足、にあった。加えて米軍の心理作戦である①全面降伏勧告のビラ散布、②個人降伏のビラ散布、③スピーカーによる投降（とうこう）呼びかけ、も効果があった。

六月二三日、第三二軍牛島満司令官と長勇（ちょういさむ）参謀（さんぼう）は、摩文仁の洞窟内で自決するが、沖縄戦はその後も続き、図表1から知れるように、多くの犠牲者を出したのである。

日本軍の頑強な抵抗により、作戦の経過は予想されていた限度をはるかに超える長期戦となった。このことに比例して補給品や装備品の所要量は増加し、周到に編成されていた防禦（ぼうぎょ）陣地攻略のため、極めて多量の弾薬を必要とした。那覇港および与那原港が速やかに占領できなかったため、増大する補給品の必要量を陸揚げできず、守備や建設整備が遅れた。五月下旬の豪雨は陸上での連絡を遮断し、機動力を奪った。あらゆる応急措置、水上運送、空輸により、かろうじて兵站（へいたん）支援を間に合わせることができたのである。

単位：人

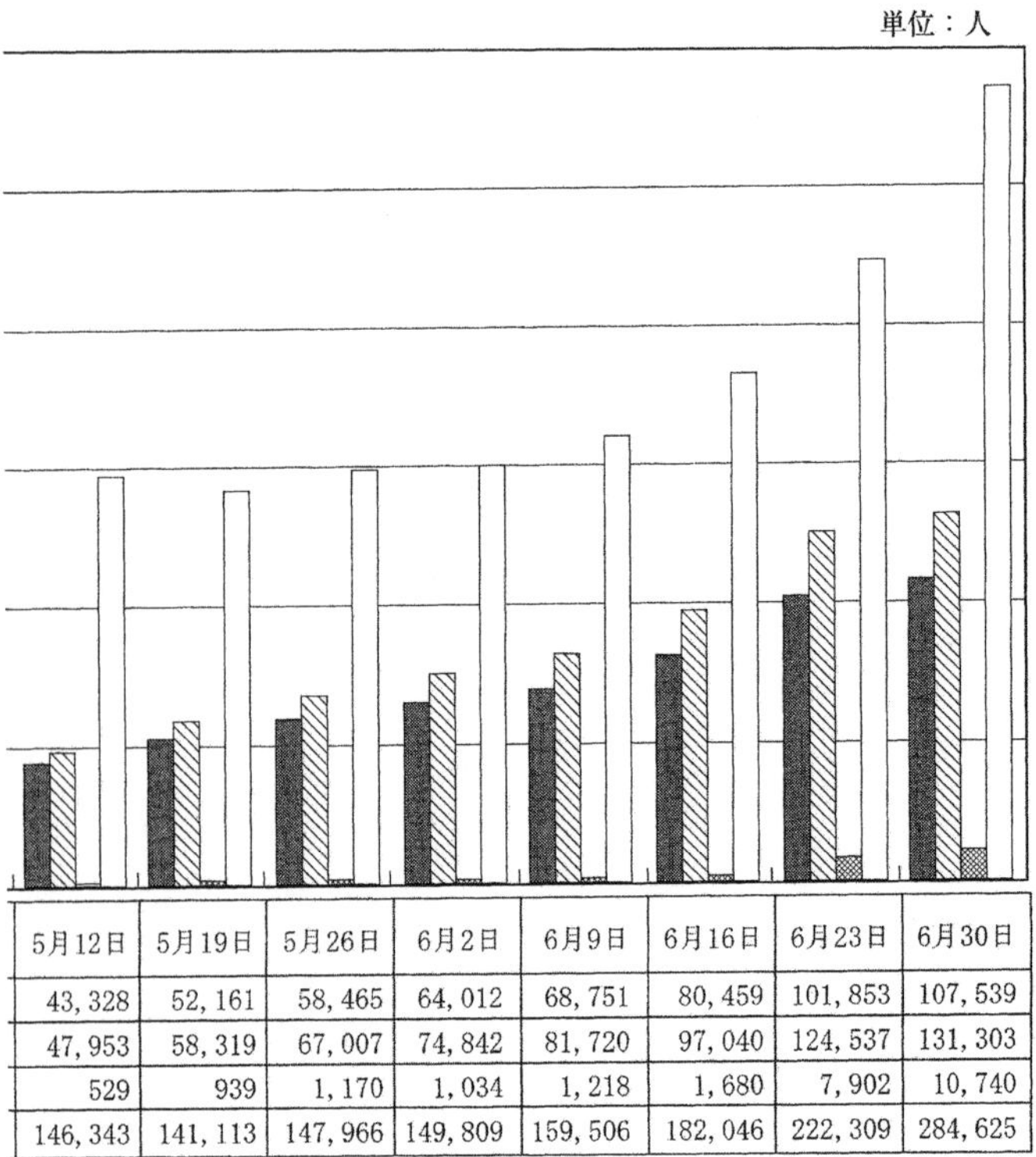

5月12日	5月19日	5月26日	6月2日	6月9日	6月16日	6月23日	6月30日
43, 328	52, 161	58, 465	64, 012	68, 751	80, 459	101, 853	107, 539
47, 953	58, 319	67, 007	74, 842	81, 720	97, 040	124, 537	131, 303
529	939	1, 170	1, 034	1, 218	1, 680	7, 902	10, 740
146, 343	141, 113	147, 966	149, 809	159, 506	182, 046	222, 309	284, 625

日本軍の戦死，捕虜，保護住民

より作成.

とを指す.

ン滅した場合や地形などのため実際に数えることのできない数を指す.

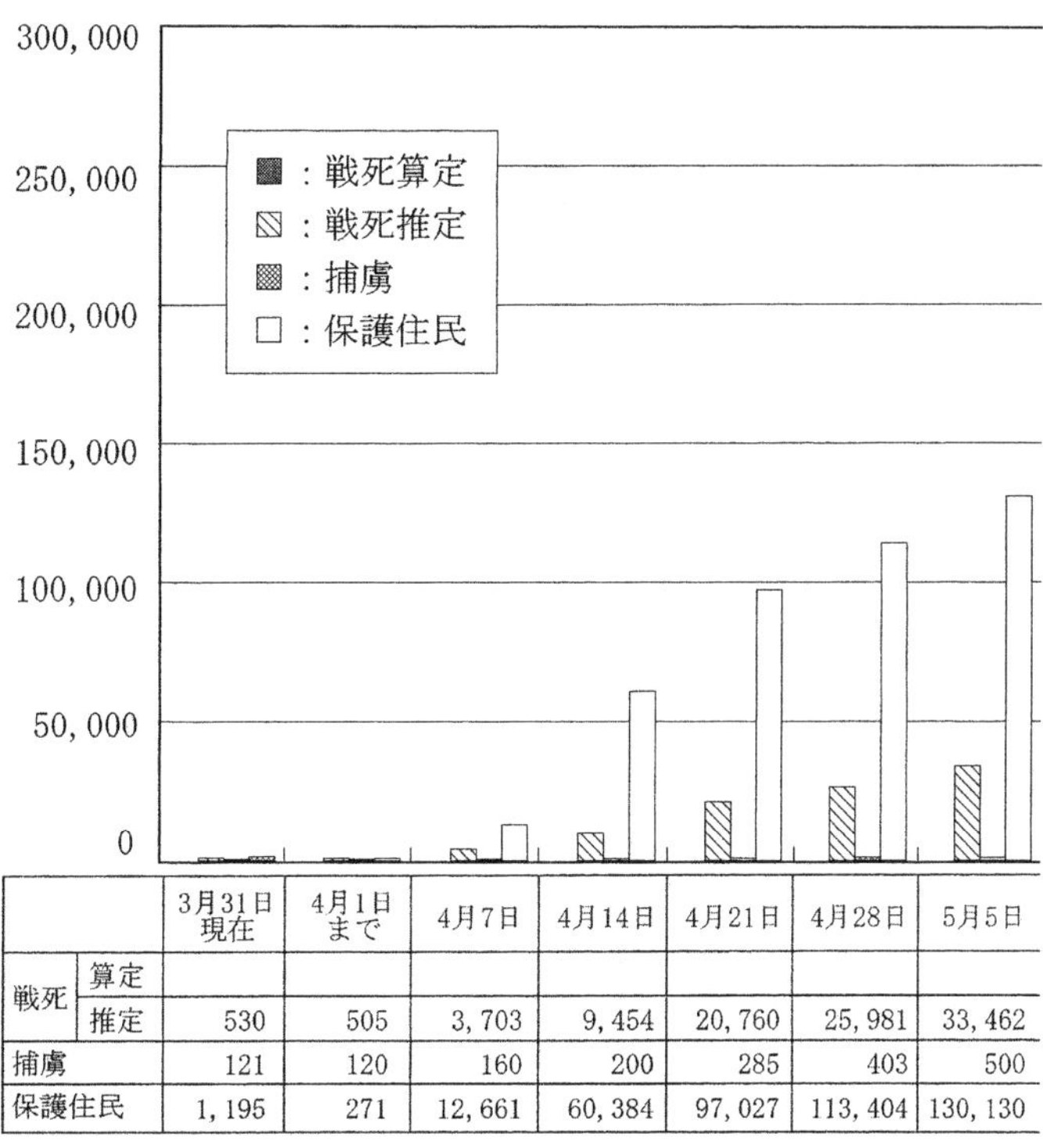

		3月31日現在	4月1日まで	4月7日	4月14日	4月21日	4月28日	5月5日
戦死	算定							
	推定	530	505	3,703	9,454	20,760	25,981	33,462
捕虜		121	120	160	200	285	403	500
保護住民		1,195	271	12,661	60,384	97,027	113,404	130,130

図表1　1945年3月31日～6月30日

出所：Ryukyus Campaign 10th Army Action Reports

注1）：戦死者の算定数は，米軍が実際に数えたこ

注2）：戦死者の推定数は，砲撃で日本軍陣地をセ

米軍の損害とその代償

沖縄戦における米軍の死傷者は、他のいかなる戦闘地域をはるかに超えた。これは、①他の地域に比して有能な指揮官に統率された大兵力の日本陸軍との戦闘であったこと、②厳重かつ巧妙に要塞化された地形であったこと、③故国から数千マイルも離れたところでおこなわれた作戦であったこと、④予想以上に長い期間にわたった作戦であったこと、による。この代償として得た沖縄の軍事的価値は、①多数の部隊を駐屯させるのに充分な広さがあること、②日本本土にたいする多くの飛行場と艦隊碇泊(ていはく)地ができたこと、にあった。

大田の訣別電報・牛島の最後通達

米軍との激闘が続いている六月六日の夜、海軍根拠地隊司令官大田實(みのる)は、沖縄県民の献身的な作戦協力に対し、「沖縄県民斯(か)く戦へり。県民に対し後世(こうせい)特別の御高配(こうはい)を賜(たまわ)らんことを」を結びとした電文を大本営(だいほんえい)に打ち、六月一三日に自決する（防衛庁防衛研究所戦史室編『沖縄方面陸軍作戦』朝雲新聞社、一九六八年、五七四頁）。

沖縄県民の実情に関しては、県知事より報告せらるべきも、県には既に通信力なく、三十二軍司令部又通信の余力なしと認めらるるに付き、本職県知事の依頼を受けたるに非(あら)ざれども、現状を看過するに忍びず之に代つて緊急御通知申上(あ)ぐ。

沖縄島に敵攻略を開始以来、陸海軍方面防衛戦闘に専念し、県民に関しては殆(ほとん)ど顧(かえり)

みるに暇なかりき。然れども本職の知れる範囲に於ては、県民は青壮年の全部を防衛召集に捧げ、残る老幼婦女子のみが相次ぐ砲爆撃に家屋と財産の全部を焼却せられ、僅に身を以て軍の作戦に差支なき場所の小防空壕に避難、尚砲爆撃下□□□風雨に曝されつつ乏しき生活に甘じありたり。而も若き婦人は率先軍に身を捧げ、看護婦炊事婦はもとより、砲弾運び挺身斬込隊すら申出るものあり。所詮敵来りなば老人子供は殺さるべく、婦女子は後方に運び去られて毒牙に供せらるべしとて親子生別れ娘を軍衛門に捨つる親あり。

看護婦に至りては、軍移動に際し衛生兵既に出発し身寄無き重傷者を助けて□□真面目にして一時の感情に馳せられたるものとは思はれず。更に軍に於て作戦の大転換あるや自給自足夜の中に遥に遠隔地方の住民地区を指定せられ、輸送力皆無の者黙々として雨中を移動するあり。之を要するに陸海軍沖縄に進駐以来終始一貫勤労奉仕物資節約を強要せられて御奉公の□□を胸に抱きつつ遂に□（数字不明）ことなくして本戦闘の末期と沖縄島は実情形□（数字不明）一木一草焦土と化せん。糧食六月一杯を支ふるのみなりと謂ふ。沖縄県民斯く戦へり。県民に対し後世特別の御高配を賜らんことを。

この大田の訣別電報に対し、ジャーナリストの田村洋三は「沖縄県民の献身的な戦いぶりを具体的に述べた上、痛ましい犠牲を払わせられた県民への後世にわたる特別の配慮を正面から訴えた内容。人間味溢れる文章は、当時の日本軍の文章は勿論、世界の戦史にも例がない不朽の電報と言えよう」との評価を与える（『沖縄県民斯ク戦ヘリ』講談社、一九九四年、三七七・三七八頁）。また作家の浅田次郎は「大田少将は、部下将兵の敢闘ぶりや戦闘経過には一行も触れず、軍命のもとに行動を共にした沖縄県民の実情を、切々と長い電文に綴った。……陸軍の主力が牛島満軍司令官の自決によって組織的戦争をおえたのは六月二十三日のことであるから、孤立無援の小禄地区にあってその十日前まで持ちこたえた海軍陸戦隊は、戦史に残るべき健闘であったと言える。……しかし大田少将は、その経緯を大本営に伝えようとはしなかった。訣別電にひたすら記したのは、沖縄県民の苦労と敢闘であった」と論じる（『中央公論』二〇一一年六月号、一四五頁）。筆者は、二七年前、豊見城市にある海軍壕の記念館で大田の手帳を見たことがある。そこには、哲学書や文学書などにたいする感想が綴られており、これらの書が大田の人間形成にとって大きな意味をもっていたものと思われる。

大田とは対照的なのが、六月一九日、第三二軍牛島満司令官の「軍の運命いよいよ最後なり」とした最後通達である（防衛庁防衛研究所戦史室編『沖縄方面陸軍作戦』朝雲新聞社、一九六八年、六〇〇頁）。

全軍将兵の三ヶ月にわたる勇戦敢闘により遺憾なく軍の任務を遂行し得たるは同慶の至りなり。然れども、今や刀折れ矢尽き軍の運命旦夕に迫る。既に部隊間の通信連絡杜絶せんとし、軍司令官の指揮は困難となれり。爾今、各部隊は、各地域における生存中の上級者之を指揮し、最後迄敢闘し悠久の大義に生くべし。

牛島の最後通達は、軍命令という性格を差し引く必要があるが、それにしても沖縄県民の状態にはまったく触れず、ただ兵士の勇猛果敢さを讃えると同時に、指揮系統の困難を嘆く内容となっている。司令官たる者は、軍の最後を見極めたうえで自決するなら自決すればよいのであって、沖縄戦最中の六月二三日に自決するとは、無責任極まりない。この牛島の無責任さが、その後、多くの犠牲者を生むことになる。

ここに、鉄血勤皇隊の生き残りで、元沖縄県知事大田昌秀が発見した資料がある。この資料は、一九四五年六月一八日付で第三二軍牛島満司令官から鉄血勤皇隊の情報宣伝隊（千早隊）隊長陸軍大尉益永薫あてに「貴官ハ千早隊ヲ指揮シ軍ノ組織的戦闘終了後ニ於ケル沖縄本島ノ遊撃戦ニ任スヘシ」と命じた『訓令』である。この日は、牛島が「最後迄敢闘し悠久の大義に生くべし」、との最後の軍命令を発した前日にあたる。大田によれば、六月一九日、沖縄本島北部へ突破を試みる第三二軍参謀らの案内役として千早隊員の六、七人が抜けた後、大田ら十数人は情報宣伝隊の壕の前に集められ、益永大尉から「お前たちは死なずに、地下工作をするように」とゲリラ戦の命令を受け、一〇月まで投降せず、仲間攻撃の機会をうかがっていたという。大田は「解散命令を受けながら自由にされず、仲間が十代の若さで死んでいった。それが悔しい」と語り、法的根拠もなく招集され、「解散命令後も最後まで戦えと命令された」と憤る（『琉球新報』二〇〇八年六月一五日付）。

第二次大戦最大で最後の地上戦であった沖縄戦は、地上戦であったがゆえに、多くの犠牲者を生んだ。沖縄県援護課の調査によれば、戦死者は二〇万六五六人、うち住民は「集団自決」も含めて九万四〇〇〇人にのぼった（沖縄県生活福祉部援護課発行『沖縄の援護のあゆみ』一九九六年、五六頁）。住民の四人に一人が犠牲となったこの数値は、地上戦が何をもたらすのかを端的に物語っている。

悲しき沖縄戦

兵士も、住民も、右往左往する南の戦場には、絶対勝利の自信をもった米軍の火砲が猛咆哮を続けている。想像を絶した戦場では、親を、子を、妻を、夫を、かえりみる余裕とてなかった。愛情も、道義も、感情も、理性も、平静な社会の中にこそ生れてくるものだ、という悲しい、そして冷厳な事実を戦争は教えてくれた。戦場を彷徨する者の眼に映った最も痛ましい情景は、母親の死体にすがって乳をふくむいたいけな幼児の姿であった。この姿は、二度とみられない場面であり、人の世にみる最大の悲劇の「図」であろう。累々たる死体の中に、瀕死の重傷を負いながらも、まだ死にきれずに虚ろな目を向けて助けを乞う者がいる。だが、惨忍な戦争は、救いの手をさしのべてくれることさえ許してくれない。

真壁、喜屋武、摩文仁は沖縄本島南部の果てであった。追いつめられ、下るだけ下ったこの窮極の地に続くものは、紺碧に映えた海のみであった。水際をながめ、はるか沖合を見つめていた島人は、どんなにか島を悲しみ、島に生まれた宿命を泣いたであろうか。だが、どんなに悲しんでも、どんなに泣いても、満身創痍の沖縄は、敗戦日本の運命を背負う島でしかなく、一九四五年九月七日に悲劇の幕を閉じたのであった。

朝鮮戦争・スクラップ・沖縄

朝鮮特需と日本経済

極度のインフレとドッジ・ライン

第二次大戦の敗戦後、日本経済は、食糧難、生活必需品の不足、通貨の増発によって極度のインフレに陥り、瀕死の状態にあった。一九四六年二月一七日、政府はインフレ抑制のため新日本円を発行し、旧日本円の預貯金を封鎖する金融緊急措置令を発布したが、効果はみられなかった。トルーマン米国大統領は、日本財政の立て直しのため銀行家ジョセフ・ドッジを派遣する。四九年四月一五日、ドッジは超均衡予算の編成、補助金の削減、いわゆるドッジ・ラインを実施、四月二五日には一ドル＝三六〇円の単一為替レートを設定する。日本経済は、一挙に冷え込む。ドッジ不況である。金詰り、中小企業の倒産をはじめ、失業者が巷に溢れた。そこに五〇年六月二五日の朝鮮戦争勃発である。

朝鮮特需

朝鮮戦争は、特需景気を生んだ。特需とは、特殊需要の略称であるが、朝鮮戦争以来、特別の意味をもって使われた。米軍および国連軍が調達する物資やサービスを特需と呼んだのである。

特需収入の推移をみると、表2のとおりである。米軍の軍人・軍属が日本国内で消費する「円セール」、米軍の物資およびサービス調達のための預金口座である「米軍預金振込」、沖縄における基地建設のため日本業者が受け取った「沖縄建設工事」、が上位を占めている。「沖縄建設工事」収入の増加は、冷戦の本格化、中華人民共和国の成立、朝鮮戦争の勃発を契機に沖縄の戦略的価値が注目され、〝忘れられた島〟から〝不沈空母〟へと転化したことの反映である。このことを端的に語るのが、アメリカ政府による沖縄への援助額の増加である。宮田裕元沖縄総合事務局調整官が作成した表3にみるように、一九五〇年から五三年の四年間に総額三九一億七〇〇〇万円が投じられた。軍工事ブームの到来である。五三年度の琉球政府予算が四八億三〇〇〇円とされているので、投下額がいかに莫大なものであったかがわかる。軍工事ブームに乗って、鹿島(かじま)建設、大林(おおばやし)建設、竹中工務店、清水建設、銭高(ぜにたか)組などの本土大手建設業者が沖縄に進出、稼いだ金はドッジ不況にあえいでいた日本経済を支えたのであった。

朝鮮戦争勃発後およそ一年間における物資関係の特需契約高は、表4にみるように、繊

表２　特需収入高の推移(米軍関係)

単位：1,000ドル

年度＼内訳	円セール	米軍預金振込	沖縄建設工事	その他軍関係	計
1950	101,187	38,256	－	446	148,889
1951	221,930	337,370	6,265	6,919	572,484
1952	271,476	503,607	12,414	2,788	790,285
1953	300,513	456,029	8,892	834	766,268
1954	292,779	245,837	3,519	16,650	558,785
1955	275,723	193,853	2,116	2,910	474,602
1956	273,779	187,265	1,617	4,518	467,179
1957	259,435	154,600	1,445	5,408	420,888
1958	207,535	163,498	900	8,310	380,243
1959	209,598	131,308	2,204	16,282	359,392
1960	215,903	173,000	932	5,019	394,854

出所：通商産業省賠償特需室編『特需とアメリカの対外援助』(通商産業調査会，1961年)86頁より作成.

注１)：円セールとは，米軍の軍人や家族の日本国内での消費.

注２)：米軍預金振込とは，米軍の物資・サービスの調達のための預金口座.

注３)：沖縄建設工事とは，米軍が，沖縄の基地建設工事を日本業者に負わせた場合の日本業者の受け取った工事代金で本邦に送金されたものおよび本邦内で工事代金を受けとったもの.

注４)：その他軍関係とは，在日米軍以外の米軍の支払に係る収入.

表３　米国占領下における沖縄への日米両政府援助比較

単位：1,000円（%）

年度	米国政府	日本政府	年度	米国政府	日本政府
1947	3,333,600		1960	3,248,280	
1948	5,021,640		1961	4,319,280	
1949	8,948,160		1962	5,004,360	
1950	17,849,160		1963	6,135,480 (85.8)	1,012,813 (14.2)
1951	13,228,200		1964	6,234,120 (77.0)	1,866,853 (23.0)
1952	4,772,520		1965	8,695,800 (82.3)	1,874,784 (17.7)
1953	3,319,200		1966	9,131,400 (76.1)	2,865,630 (23.9)
1954	626,760		1967	9,312,840 (60.2)	6,160,971 (39.8)
1955	685,440		1968	9,679,320 (48.3)	10,362,768 (51.7)
1956	604,080		1969	10,954,440 (46.5)	12,603,016 (53.5)
1957	369,000		1970	11,967,840 (40.3)	17,694,258 (59.7)
1958	2,045,880		1971	6,857,280 (20.9)	26,016,885 (79.1)
1959	2,669,400		1972	9,908,640 (18.8)	42,720,165 (81.2)

出所１）：米国政府援助額は，USCAR "Civil Affairs Activities int the Ryukyu" 各号，"Civil Administration of the Ryukyu Islands" 各号，"Fact Book" 各号.

出所２）：日本政府援助額は，総理府沖縄北方対策庁（部内史料）.

注１）：米国政府援助は実績で，日本政府援助は予算額.

注２）：米国政府援助は，当時の為替レート「１ドル＝360円」で換算.

表4　物資関係特需契約高内訳の推移（初年度上位三品目を軸に）

単位：1,000ドル（%）

年　　月	機　械　類	金属および金属製品	繊維織物類
50年6～12月	34,589(27.2)	33,446(26.3)	24,444(19.2)
51年1～6月	21,595(19.9)	20,899(19.3)	40,092(37.0)
51年7～12月	2,802(1.8)	24,171(15.5)	29,874(19.1)
1952年	2,933(1.6)	36,046(19.8)	21,800(12.0)
1953年	3,875(1.5)	89,870(34.5)	21,782(8.3)
1954年	1,245(1.2)	65,581(61.9)	1,147(1.1)

出所：大蔵省財政史室編『昭和財政史』第19巻（統計）（東洋経済新報社，1978年）116頁より作成．

維織物類、機械類、金属および金属製品が最大の部門である。この三部門で、全体の四分の三を占めている。繊維部門は、綿製品が過半で、毛布、麻袋と続く。機械部門は、トラックが断然トップである。金属および金属製品部門では、有刺鉄線、ドラム缶、型鋼が多い（大蔵省財政史室編『昭和財政史』第一八巻　資料2、五七七頁）。

特需景気で最も儲けたのは、繊維、機械、金属関係の会社であった。このため特需ブームは、別名「糸へん景気」・「金へん景気」と呼ばれた。「金へん景気」は、街の路地裏まで浸透して金属類の屑が引っ張りだことなり、廃品回収業者がにわか成金となった。屑だけではなく、マンホールのふたや電信、電話線の盗みが横行したという（山室英男編『《ジャーナリストの証言》昭和の戦争一〇　朝鮮戦争・ベトナム戦争』講談社、一九八五年、一〇〇頁）。

一九五三年度の『経済白書』は、「特需は単に日本の国際収支の支えというのみではなく、日本の経済循環の内部にまで入り込んでいるのだ」と評価する。そして一九五七年の経済企画庁『戦後経済史1　総観編』は、「如何(いか)にして貿易規模を拡大し、生産を増強し、失業を解消してゆくか、こうした活路を求めて低迷していたのが、朝鮮動乱勃発までの我国経済の実相である。この時に当り朝鮮動乱が勃発したものであり、この意味で動乱は正に我国経済にとっては回生薬(かいせいやく)であったと云えよう」と論じる（三二五頁）。

ところで、『朝日新聞』（一九五〇年七月一八日付）社説子は、「朝鮮ブーム」の見出しで、特需景気のもつ意味をつぎのようにとらえていた。「最近の動きの中には、第一次大戦当時の火事ドロ的戦争景気のヒナ型のようなものがないではない」とし、勝手気まま過ぎると「整備の軌道にのりかけた経済が、ここでまた混乱しないとは限らず、しかも一たん朝鮮問題が落着すれば、一転して大きな反動に見舞われることになろう。全体を大観して、今回の朝鮮問題が、経済的にみるかぎり、いまの極端な不況を幾分(いくぶん)緩和することは間違いないが、それは量的にも時間的にも限度のあることと見なければならず、もし時間的に紛争が長引くことでもあれば、それは結局においてよい影響を与えるとは限らないことになろう」と警告を発する。しかし、朝鮮半島における悲劇が、危機に瀕していた日本経済に起死回生(きしかいせい)の好機を与えたことは疑いない。非情な歴史の現実といえる。

スクラップと沖縄経済

スクラップの島・沖縄

一五〇日間にわたる「鉄の暴風」・「血の暴風」が過ぎ去った後の沖縄に残されたものは、二五〇万トン以上ともいわれるスクラップの山であった。だが、朝鮮特需は鉄鋼需要を呼び、沖縄も一九五〇年頃からスクラップに注目するようになる。米国民政府は、スクラップはすべて「米国の戦利品であり財産である」との立場を固持し、収集を厳禁していた。沖縄民政府の志喜屋孝信（しきやこうしん）知事をはじめ、スクラップ業者は処分権の譲渡を米国民政府に訴えたが、容易には実現しなかった。このような状況の中でもスクラップの収集は続けられ、図表2にみるように、五一年には輸出品目として登場するようになる。

五二年九月二七日付夕刊の『沖縄タイムス』は、「琉球はスクラップの島・宝島」との見出しで、つぎのように報じる。

戦後の沖縄は日本のドル箱として歓迎されてきたが、海運界でもいち早く沖縄航路同盟を組織して定期船を就航させている。日本郵船も遅ればせながら沖縄に注目するが、その理由として、沖縄は近距離のわりに運賃が割高であること、軍工事資材の輸送および民需用資材の輸入量が多く片道でも充分引き合う上に帰路にはスクラップがあること、を挙げている。五〇年度における日本の外国定期航路運賃収入の四〇％、貨物の六〇％が沖縄関係で占められ、沖縄は日本海運界にとって最上の顧客となっている。帰路の荷物がスクラップであることは、沖縄にそれ相応のスクラップが集積されていることを端的に語っている。

スクラップと琉球政府

一九五二年四月一日の琉球政府発足後、米国民政府は五三年八月四日から援助策の一環としてスクラップの処分権を琉球政府へ移譲する。またスクラップ業者も琉球政府に納入金を納めれば、輸出できるようになった。

日本経済は朝鮮特需に続き、日本はじまって以来といわれる好景気の〝神武景気〟によって活況を呈する。好景気を支えたのは、朝鮮特需と同じように、鉄鋼需要であった。スクラップブームの到来である。ブームがブームを呼び、図表2からわかるように、一九五六年には砂糖を追い越して輸出総額の五八・〇％を占めるようになる。住民・日米両軍兵

単位：1,000ドル（%）

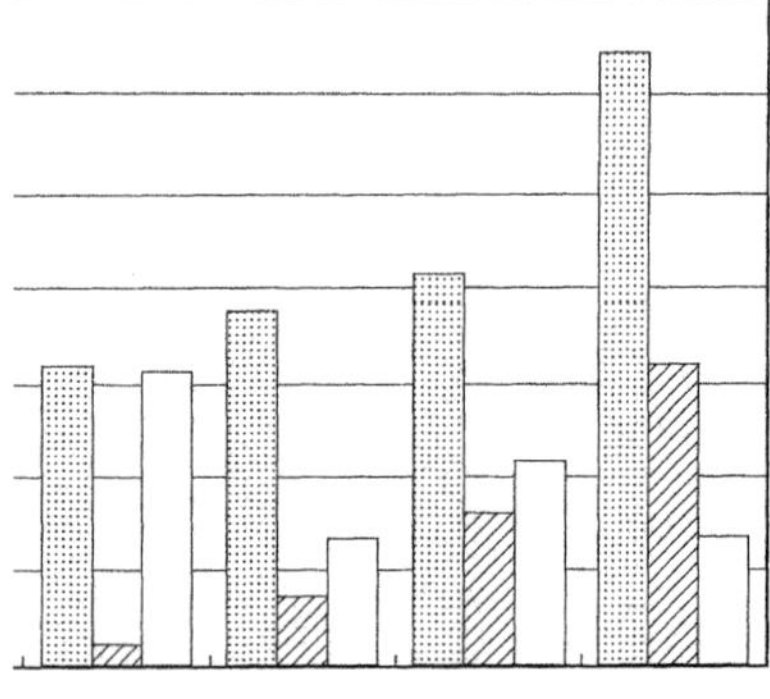

1957	1958	1959	1960
6,356 (42.5)	7,607 (46.1)	8,320 (39.3)	12,851 (44.2)
483 (3.2)	1,479 (9.0)	3,253 (15.4)	6,392 (22.0)
6,250 (41.8)	2,686 (16.3)	4,313 (20.4)	2,717 (9.3)

1322・1323頁より作成.

表5　琉球政府への納入金の推移

単位：ドル

年度	金　　額
1954	329, 384
1955	115, 923
1956	309, 566
1957	375, 707
1958	56, 258
1959	33, 219
1960	27, 203
1961	25, 103
1962	14, 619
1963	238

出所：古波津清昇『沖縄の製造業振興五十年』（拓伸会, 2005年), 24頁

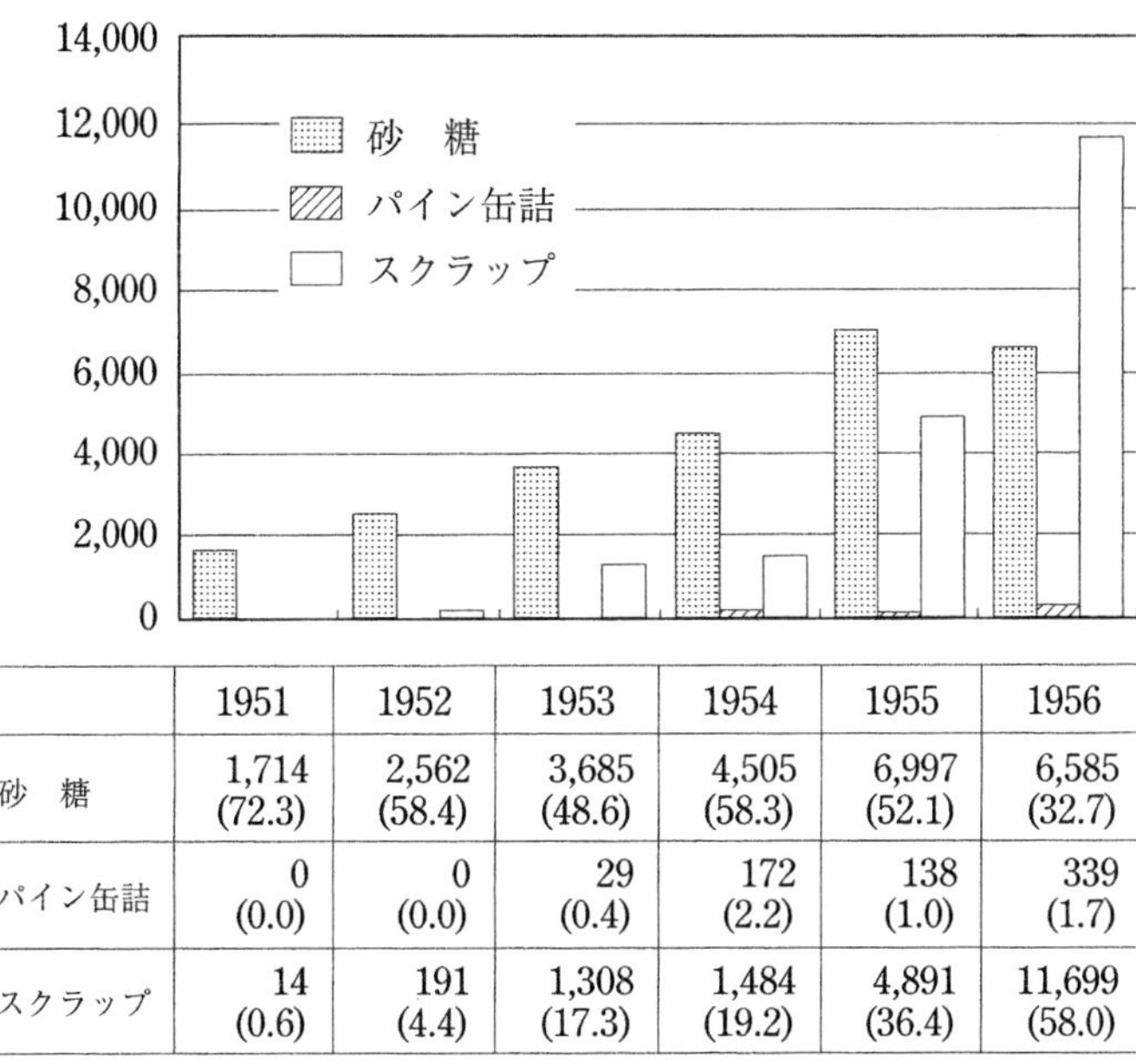

	1951	1952	1953	1954	1955	1956
砂　糖	1,714 (72.3)	2,562 (58.4)	3,685 (48.6)	4,505 (58.3)	6,997 (52.1)	6,585 (32.7)
パイン缶詰	0 (0.0)	0 (0.0)	29 (0.4)	172 (2.2)	138 (1.0)	339 (1.7)
スクラップ	14 (0.6)	191 (4.4)	1,308 (17.3)	1,484 (19.2)	4,891 (36.4)	11,699 (58.0)

図表２　三大輸出品目額の推移

出所：琉球銀行調査部編『戦後沖縄経済史』（琉球銀行，1984年）

士を死に追いやったものが、輸出品目の筆頭に躍り出たのである。歴史の皮肉といえる。

スクラップにかかわる琉球政府への納入金も、表5のように増え続け、一九五七年にはピークとなるが、以後は景気のかげりとともに減少するようになる。ブームはブームでしかなかったが、琉球政府にとっては外貨獲得と財政面で大きなプラスとなり、住民にとっては生活の支えとなったのである。

生活の糧と事故の多発

生活の糧としてのスクラップ拾い

スクラップ拾いは、住民にとって生活の糧（かて）となった。産業らしい産業もなく、資源の乏しい沖縄で、住民を打ちのめした「鉄の暴風」が、朝鮮特需のおかげで生活の助けとなったのである。不発弾に触れ命を落とす者も多かったが、それを恐れては生きていけない時代であった。夫を米兵に殺害され、四人の子供を抱えて生活との闘いをはじめなければならなかった主婦は、こう語る。「ある日の昼下がり、禁止地区の山野に友人らとフルガニ（古い金目の物）拾いに行った。こわごわフルガニを拾っていると、近くで仲間の一人がガードマンに見つかり、引きずられていく叫び声を聞いた。私は、とっさに逃げ出した。その弾（はず）みで谷底に転がり落ちた。怖さに震え、起き上がる気力を失い、その場に身を縮めていた。どのくらい時間がたったのだろう。秋の日暮れは早く、気がついた時、辺りは暗やみ。山の細道を草木をかき分けながら、命からがらわが家にたどり着いた。灯の消えた家に、子供たちはおなかをすかして待っていた。あまりのつらさに、私は泣くに泣けなかった」と（『沖縄タイムス』一九九四年一二月三日付）。

スコップやツルハシをもってスクラップを拾えばカネになる。主婦や子供たちにとっては、最高の現金収入であった。もともとタダのスクラップを拾って売るのだから、元手もかからない。農民は畑仕事を放り出し、家族ぐるみ、隣近所をさそいあって、原野や山林、日本軍の壕、海浜、チリ捨て場、ソテツの下まであさりにあさる。スクラップを拾いつくすと、電線、水道パイプ、民家の塀に張り巡らした有刺鉄線、はては隣のナベやカマにまで手を出す。この頃、鉄筋コンクリートの校舎建設が盛んになるが、鉄筋は子供たちにとって格好の餌食となった。夜になると、コンクリートで土台固めされブラブラしている鉄筋が根こそぎやられるのである。また集積所からスクラップを盗み、他の業者に売りさばき、しこたまもうけたツワモノもいた。

ここで、笑うに笑えないエピソードを紹介しよう。那覇市のある家は、スクラップブームを呼ぶ前に、ジュラルミン製の燃料タンクや残骸が山と積まれたところを整地して建てた家であった。ブームになったので「この屋敷内には、まだかなりのジュラルミンが埋まっているはずだ」と、屋敷の掘り起こしに取りかかった。予想が的中してフルガニが次々に出てきた。家族総動員で「金の埋まっている屋敷」をくまなく掘り起こしていった。ある日、ふとツルハシの手を休めてわが家をみると、ミシミシ音をたてながら傾きはじめている。アワをくった家族は、倒れかかった家を支えるため掘り起こした穴ボコを土で埋めはじめた。時すでに遅く、二〇度ほど傾いたのを正常に復するため、もうけた金は全部修理に使ってフイになったという（琉球新報社編『ことばに見る沖縄戦後史　パート①』ニライ社、一九九二年、一一三頁）。

スクラップ拾い 陸上から海上へ

陸上のスクラップを取り尽くした後、残された場所は海上であった。一九五五年一月一一日、米国民政府は布令第一四二号「難船及び難破財産」を発令、「琉球列島の領海内にあって沈没し、座礁し、および耐航性がなくあるいは老廃状態にある難船や難破財産でこれらに対する監視員のないものは……一二〇日以上の告示期間を過ぎた場合には放棄財産になる」とし、「一二〇日間の公示期限が過ぎた場合、琉球政府や政府の免許を受けた引揚会社はかかる財産の所有権を得ることができ、適宜な方法で売却、破壊あるいは処理することができる」とした。この布令によりスクラップ拾いは、陸上から海上へと移るのである。

スクラップ拾いは、最悪の場合は、死を招く。スクラップ拾いがいかに危険な作業であるのかを陸上および海上の事例からみる。

一家一〇名死傷

一九五六年七月一八日午前七時三〇分頃、中城村屋宜区の仲間真牛一家の前庭からものすごい爆発音を聞いて近所の人たちがかけつけた。四男は母屋付近の庭で蜂の巣のようになって即死、五男は一八メートルほど離れた東側に、孫の一人は九メートル離れた納屋の前に吹っ飛ばされて即死、家の近くで仕事をしていた長女、長男、長男嫁、孫二人は軽傷であった。地獄絵図の無残な光景に一時呆然として手の施しようがなかった。母屋正面の庭は一メートルぐらいの穴があき、戸や戸袋、床、天井、欄干、仏壇などいたるところ砲弾の破片と血痕が生々しく、惨状を物語っている。現場に居合わせた人は一人もおらず、真牛の妻は台所で炊事中の突然の事故なので、まるで見当もつきませんとおろおろするばかりであった。少なくとも一キロ以上の爆弾の信管をいじったか、爆薬抜き取りの際に誤って爆発したものとみられる（『琉球新報』一九五六年七月一八日付夕刊）。

壕内爆発、七名即死

一九五六年九月二〇日午後一時過ぎ、南風原町山川集落から五〇〇メートル離れた小高い森で、ものすごい爆発音とともに五〇〇から一〇〇〇メートル離れた周辺の集落を揺さぶった。時ならぬ音と地響きにびっくりした住民が現場に駆けつけてみると、旧日本軍が掘った防空壕の入り口が落盤、近くのヤブの中には六名分の着衣と七足の履物、荷物台に火薬を入れるものとみられる木箱を積んだ自転車二台が放置されていた。壕内には旧日本軍の迫撃砲（はくげきほう）の砲弾が隠されていたといい、爆発は一発ではなく、相当数が誘発したとみられ、七名が即死した（『琉球新報』一九五六年九月二一日付）。

一一名爆発死傷

一九五六年一二月七日午後二時四五分頃、読谷村兼久浜（よみたんかねくはま）で起こった爆発事故により即死六名、重傷三名、軽傷一名が出た。現場には海中から収集された砲弾類およそ三〇〇から四〇〇発もあり、一〇五ミリ砲弾から火薬抜き取り作業中に爆発した模様。現場は即死者の肉片がこま切れになって散り、弁当箱二二個とズック、上着などが散乱していた。付近海岸で砂取り作業をしていた人の話によると、突然、岩陰で物凄い爆発音と同時に人間の身体が吹っ飛んで落ちるのを見たといい、爆発後五名位が岩陰（いわかげ）から海岸辺りのリーフをつたって嘉手納（かでな）方面に逃走、四名位がクリ船に乗って沖に逃げて行き、二〇名ほどが一緒に火薬抜き取り作業をやっていたものとみられている（『琉球新報』一九五六年一二月八日付）。

各地で頻発する爆発事故防止策として、県警本部保安課はスクラップ業者に対し、①砲弾、機雷、地雷、小銃弾などの爆発物はたとえ火薬が抜き取られていても売買を禁止する。②今後爆発物を所持しているのを発見された業者にたいしては、指定または屑鉄（くずてつ）集積所の許可を取り消す。③業者は下請負人（したうけおいにん）および取引先などにも周知徹底させること、を指導するが爆発事故は後を絶たなかった。

また一九五六年一二月九日付の『琉球新報』社説子は、「爆発事故はなぜ後を断たぬか」の見出しで、つぎのように論じる。「命を的の作業からいかほどの収入が得られるか知らないが、たとえそれが大きかろうと、その故に命をはるとは常識的に考えられない。結局命を失う危険を知りつつも、それをやらぬと生きていけない。つまり他にまともな仕事がないから自然危険を冒し、最悪事態をもひきおこしているというのが実情ではなかろうか。……特に注目されるのは死傷者の殆どが二〇代の青年ということである。二〇代といえば、希望に胸ふくらませて人生のスタートを切る年代であり、余程のことでないと自ら身を危険にさらす愚は演じまい。このような若い人々にまともな職場が与えられたら自然事故も無くなることになろう」と問題の重要性を提起し、「爆発事故の防止が、警告、取締りなどの消極的対策のみでは達成せられないことを為政者は知らねばならぬ」と指摘する。

また、海上での爆発事故は、陸上とは比較にならないほどの凄惨を極めた。

天地揺るがす大爆音

一九五七年六月三〇日午後六時頃、慶良間諸島座間味沖で、突然、閃光があがった。続いてドカン、ドカン……地軸を揺るがすような大爆発。水柱は約二〇〇メートルはあろうか。天につながって高さの程ははっきりしないが、水柱の向こうにあるべきはずの島影さえみえない高い大きい水柱だった。慶留間島、阿嘉島の住民たちも物凄い爆音に戦争が始まったのではないかと思い、老人や女子供たちの中には泣き叫ぶ者さえ出る有様。爆音に続いて今度は地震が阿嘉島、慶留間島、座間味島を襲った。事故現場に最も近い阿嘉島では今にも家が倒れそうで、軒並みランプのホヤ（ガラス部分）が割れた。地震が終わったと思ったら津波だ。住民は山手に避難した。続いて潮っぽい雨が落ちてきた。スクラップ収集中の沈船の爆発事故であった。座間味島駐在の巡査が現場に急行した。

これは、だが何もない。毎日動いていたサンパン（スクラップ収集船）は影も形もない。真っ黒になって働いていた潜水夫たちの姿もない。現場は、ただドス黒いコールタールがモクモクと浮上しているだけで、何事もなかったように静かだ。何名の人が死んだのかはわからなかったが、あとで三二人の死亡が確認された（『琉球新報』一九五七年七月二日付夕刊）。

一瞬三八人吹っ飛ぶ

一九五八年四月一七日午後四時五〇分頃、読谷村都屋集落およそ二〇〇〇メートル沖合海底の沈船、ウィトリー号（火薬船）が、突然、大爆発し、同船で解体作業中のスクラップ業者三八人が瞬時にして吹き飛ぶという大惨事が起きた。ウィトリー号は一二〇ミリ砲弾を積んだ火薬船で、五七年六月座間味島での火薬船爆発と同時に、付近一帯は危険区域として立入禁止になっていたという。当時、禁を犯し

表6　スクラップ爆発による死傷者

単位：人

年	死　亡	負　傷
1946	93	200
1947	118	194
1948	59	121
1949	32	74
1950	22	38
1951	24	39
1952	18	28
1953	33	64
1954	20	49
1955	22	41
1956	64	108
計	505	956
1957年7月まで	61	39

出所：『琉球新報』(1957年7月3日付)より作成.

て同船付近に立ち入るスクラップ業者が多くなったので、警戒を厳重にしていた矢先の事故であった。生存者が一人もいないため爆発時の模様は不明だが、都屋住民の話によると、当日、沈船付近には五隻の船が解体作業にあたっていたようで、事故の原因は沈船解体のためダイナマイトを使用し、これが同船に積んでいた火薬を誘発させたのではないかとみている(『琉球新報』一九五八年四月一八日付)。

日本本土における非鉄金属の値上がりにともなって、銃砲弾の薬きょう収集業者が激増する。火薬抜き取り作業には、いつも危険がつきまとい、表6のように、絶えず惨事を繰り返している。その度ごとに叫ばれてきた〝生命をかけての薬きょう漁りはやめてくれ〟との防止の声もモウケを狙う業者にとっては聞く耳をもたなかった。

スクラップにかかわる事故は、爆発によるものばかりではなかった。米軍兵士による射殺事件も起こっている。五六年四月八日午前六時すぎ、越来村（現沖縄市）山里の主婦は、美里村（同）知花弾薬集積所にスクラップ拾いのため入り込み、米軍のガードマンによって射殺された。幼い子ども三名を抱えた主婦は、夫の稼ぎだけで生活することができず、少しでも家計の足しになればとスクラップ拾いにでかけたはじめての日であった（『沖縄タイムス』一九五六年四月八・九日付）。この事件に対し、ある論者は『沖縄文学』創刊号（五六年六月）の中で、「一人の生命が奪われた。その女の求めた屑鉄が、親子四人の生活をどれほど潤すものであったのだろうか。悲劇を生んだ冷酷な銃口は、今でもその場に向けられているのだろうか。暗ウツな影を投げたその人の悲劇を繰返させないことと、スクラップ以上にスクラップ化されたその人の生命に対する、社会人の義務として、失われた『生命』の重さを、胸底深く感得したい」と論ずるが（三五頁）、そのとおりだと思う。

住民は沖縄戦終結後の荒廃の中、戦いの残骸で赤くさびついたまま放置されていたスクラップとともにいた。このスクラップが住民の生活の糧となり、生きるがためのスクラップとの闘いでもあった。

強制的軍用地接収と住民

軍用地問題の発端

米国の極東戦略の転換と沖縄

プロローグにも述べたとおり、一九四七年末から四八年初頭にかけての米ソ冷戦の本格化、四九年一〇月一日の中華人民共和国成立は、アメリカ本国政府をして極東における軍事戦略の転換を迫るものとなった。これまでアメリカ本国政府は、極東戦略の軸を中国に置く構想をもっていたが、この中国に替えて沖縄に極東支配の拠点を置く政策をとる。実際、五〇年二月一日、極東軍総司令部は沖縄における恒久的基地建設の開始を発表する。このような中で、『日本経済年報』第六六集（東洋経済新報社、一九五〇年）は、四九年末から五〇年はじめの日本経済の動きを分析し、その前途を「暗い面と明るい面」の両面からとらえる。「暗い面」は、徴税の強行、企業の整理・破綻による失業者の増大、金融界の不振、株式市場の不安定、である。「明るい面」にとって重要なのは、「何より米国の積極的な極東政策の前進が期待される」とし、「その現われの一端として、沖縄の建設作業が指摘される。……一部に伝えられる如き沖縄ブームは行きすぎにしても、かくて不況転換の期待ももたれるわけだ」(六一～六二頁)とする。

一九五〇年四月二日、陸軍次官ボリーズは下院歳出委員会で「米軍は無期限に琉球諸島を占領する」と述べ、「琉球の可耕地のうち三分の一はアメリカの軍事施設によって占められるが、住民は、その反面、占領軍にたいして必要品を売り、金を得ることができるので、琉球諸島の無制限占領は、住民にとってたすけになるだろう」(信夫清三郎『戦後日本政治史 Ⅳ』勁草書房、一九七四年、一一〇三頁)、と言明する。沖縄住民をよくも愚弄(ぐろう)した発言である。沖縄戦によってすべての生産基盤・流通基盤が破壊された沖縄は、産業らしい産業もなく、やっと水産業、畜産業、農業が緒(ちょ)についたばかりであった。それなのに「占領軍にたいして必要品を売り、金を得ることができる」との考えは、沖縄の現実をまったく無視したものだといえる。

また、高等弁務官府渉外報道局は『琉球列島のあゆみ』(一九六二年)の中で沖縄の戦略的価値について、こう断じる。「東アジアの他の地域との関係における沖縄の地理的位置は侵略を受けた場合、米国が強力な報復力を行使出来る地点である。強力な米軍が琉球に駐留していることによって東アジアや西太平洋の全地域を米国や日本及びその他の太平洋の諸国を敵視している国々の武力攻撃から守ることに寄与しているのである。沖縄の戦略的価値は朝鮮戦争において在沖米空軍が北鮮および中共の侵略軍を撃退する上で欠くことの出来ない重大な役割を果した時にはっきりと証明された」と。沖縄の位置を戦略的価値から指摘したことは注目に値する。この沖縄の戦略的重要性の認識こそ、沖縄と沖縄住民を苦境の中に置くことになる。

土地収用に関する布令・布告の吟味

米軍政府は、沖縄上陸以来、国際法である『陸戦の法規慣例に関する条約』、いわゆる『ヘーグ陸戦法規』（一九〇七年）に基づき、占領軍の権限として土地の使用、占有を自由におこなった。たしかに『ヘーグ陸戦法規』には「一地方にして事実上陸軍の権力内に帰したるときは占領せられたるものとす」（第四二条）とあるが、「私有財産は之を没収することを得ず」（第四六条）、「略奪は之を厳禁す」（第四七条）ともある。米軍は「第四二条」を盾に取り、沖縄における土地の占有を自由におこなったのである。だがこの権限も、一九五二年四月二八日のサンフランシスコ平和条約発効と同時に消滅し、土地の使用、占有の法的根拠を失うことになるアメリカ本国政府としては、再び使用権、占有権を行使するため、早急に何らかの措置を講じる必要があった。

そこで、五〇年一二月五日、極東軍総司令部は琉球軍司令官あてに「琉球列島米国民政府に関する指令」、いわゆる「スキャップ指令」を発し、沖縄統治の長期政策を指示する。なかでも重要なのが、「副長官は、合衆国政府が永久的に必要とするその他の財産若しくは施設を、所有者が琉球人たると、日本人たるとまたはその国籍の如何を問わず購入によりまたは収用して、その所有権を獲得する。この種財産は、出来るだけ談合による購入によって獲得するものとする。若し、適当な条件で購入出来ない場合または所有者が商議することを拒んだ場合は収用手続をとる」「副長官は、米国政府が臨時に必要とする財産または……購入をなす迄の財産については、これを強制的に徴発したり又は借用したりすることができる」（『沖縄復帰の記録』南方同胞援護会、一九七二年、四二二頁）であった。

米国民政府は、「スキャップ指令」に基づいて軍用地料支払いの準備を進めていく。そして一九五二年一一月一日、米国民政府は、布令第九一号「契約」を公布する。布令第九一号は「米国政府の必要とする土地及び財産の所有並びに占有を有効ならしめることは、米国政府及び琉球列島並びに米国国民及び琉球住民の保全上望ましいことであり、且つ、機宜の策である」とし、米国民政府と琉球政府との業務契約により、琉球政府行政主席に土地所有者と賃貸借契約を締結する権利を付与するものであった。

布令第九一号の根拠となり、土地収用の法的基礎となったのが、五二年五月一四日の国

表7　土地接収関連主要事項

年　月　日	事　　　項
1943年11月	日本軍，土地接収開始.
1945年3月26日	米軍，慶良間列島上陸・占領，「ニミッツ布告」発令.
4月1日	米軍，沖縄本島上陸，本格的沖縄作戦開始，「ニミッツ布告」発令.
4月5日	読谷村に米軍政府設置.
10月31日	米軍政府，旧居住地への住民の移動を許可.
1949年10月1日	中華人民共和国成立.
1950年2月1日	極東軍総司令部，恒久的基地建設を沖縄で開始と発表.
6月25日	朝鮮戦争勃発.
12月5日	極東総司令，沖縄統治の長期政策発表.
1952年4月1日	行政，立法，司法の機能をもつ琉球政府設立.
4月28日	サンフランシスコ平和条約発効.
12月5日	米軍政府を米国民政府と改称.
1953年4月3日	「土地収用令」公布，平和条約発効後の軍用地新規接収開始.
4月11日	米軍，真和志村(現那覇市)銘苅に「土地収用令」を適用.
8月18日	読谷村渡具知立ち退き開始.
12月9日	小禄村(現那覇市)具志に，完全武装した米軍を出動させ強制土地接収.
1954年3月17日	米国民政府，軍用地料の「一括払い」方針を発表.
4月3日	立法院，「土地を守る四原則」決議.
1955年3月14日	米軍，伊江島で強制土地接収開始.
5月23日	軍用地問題沖縄代表団渡米.
7月17日	米軍，伊佐浜(現宜野湾市)で強制土地接収開始.
10月23日	プライス調査団来島.

1956年5月8日	プライス勧告，土地闘争へ.
5月20日	「四原則貫徹」全島住民大会.
7月28日	那覇高校で「四原則貫徹」県民大会.
1965年2月7日	米軍機，北ベトナムへの攻撃開始.
1972年5月15日	沖縄返還，米軍用地に「公用地暫定使用法」適用.

務省法律顧問コンラッド・E・スノーによる「収用によって琉球列島の土地所有権を獲得する合衆国の権限」(沖縄県公文書館所蔵)、であると考えられるので、主要な項目を掲げ、つぎにつなげることにしたい。

一　琉球列島米国民政府は、米国が要求する不動産の永久獲得を考慮中である。関係する個人土地所有者の少なくとも七五パーセントは、土地売買交渉を拒否するだろうと推測される。

一　国家あるいはその権力を合法的に委任された者は、公共の使用のために私有財産を接収し、正当な補償を所有者に支払ったうえで、所有権あるいは占有権を行使することができる。

一　合衆国の利益のために土地収用権を行使することには、困難が存在する。収用の通常の場合には、収用された土地の所有権は主権国家のものになるかあるいは主権国家が権力を委任した統一体のものになる。周到な準備をしたうえで所有権を合衆国へ移動しない限り、米国民政府が琉球でおこなった土地収用権は現地の行政体、あるいは主権国家である日本に移るという主張が起こるかもしれない。しかしながら、合衆国は琉球列島での完全な統治権を有しているのだから、現地での統治体を設立することができるし、その統治体が土地所有者へ正当な補償を米国が支払ったうえで、米国の公的な利用のために収用された土地の所有権を米国に移すことを可能にするような法律を制定することができる。

一　米国が収用手続きを経て獲得するすべての所有権の有効性は、この収用に関する法律を制定し収用手続きを指導する現地政府に依存する。

布令第九一号のねらいは、サンフランシスコ平和条約発効後も軍用地を継続して使用するために賃貸借契約を琉球政府をとおして締結するというものであった。ところが、土地所有者には契約について意見を述べる機会が与えられておらず、単に米国民政府が示した地代を受け取るか否かの返答を迫られているのが実情であった。それゆえ土地所有者の大部分が、契約の締結を拒否したのである。加えて地料は坪当たり、たとえば、沖縄本島北部国頭村の畑＝六銭、中部の越来村（現沖縄市）の田＝五四銭、南部三和村（現糸満市）の宅地＝一円七九銭、というあまりにも低廉なもので、しかも登記料は地主負担、契約期間は二〇年の長期にわたっていた。なお、一九五二年一二月時点における主要品目の値段をみると、煙草一箱＝一〇円、食塩一斤＝七円一一銭、白米一升＝四四円五三銭、甘藷一斤＝三円、大豆一斤＝五二円六〇銭、素麺一斤＝二四円、であった（『地方自治七周年記念誌』一九五五年、二八一頁）。「約五万七〇〇〇人に及ぶ地主の中、契約に応じたものはわずかに九〇〇人余りであった。それも、米軍の絶対権力に恐怖を感じ、已むを得ないものとの諦めと、明日の餉食より今日の飢えをしのぐための手段として、不満ではあるがわずかな金額でも受領して生活の支えにした貧しい人達が多数であった」（桑江朝幸「沖縄軍用土地問題の全貌」『沖縄と小笠原』第七号、一九五九年、五三頁）のである。

一九五五年一〇月二三日、沖縄の軍用地問題を調査するためアメリカ本国から下院軍事分科委員会の「プライス調査団」が来島し、二四日と二五日の両日に公聴会をもつが、席上、喜屋武実男法務局長は、「強制力による土地の収用は、最後の手段である。個人財産を尊重する自由諸国においては、全ての努力をつくしてもその目的を果たし得ないときに初めて強制力による収用が考えられる。布令第九一号は、このような善意の努力を欠いたもので強制力による土地収用への安易の道を選んだものといえる」（琉球政府行政主席官房情報課編発行『軍用地問題はこう訴えた』一九五六年、一三一～一三二頁）と訴えるが、強国アメリカに対し、沖縄の立場から理路整然と問うたことは、注目してもよい。

ここで、ある農民の行為と、その行為にたいする評価をみることにする。一九五三年九月二九日の『沖縄タイムス』は、「〝背に腹かえられず〟講和後の軍用地代第一号」の見出しで、「〃軍使用地料の安いのは不当な評価で、講和発効前もそうだが、発効後の地料値上げは是非善処されねばならない〃と目下土地委員会が中心になって軍との折衝を重ねているが、土地をとり上げられた上、他の土地に住み不遇をかこっている地主が〃安い地料でもいいから何とか生活のタシにしたい〃と申し出て講和発効後の分の地料を貰った。講和後の軍用地代第一号としてうけとっている。中城村安里区二班の農業比嘉加那さん（四四）の妻カメさんが政府土地事務所を訪れ、発効後の地代を要求した。加那さんは真和志村安謝に三九三坪の畑を持っているが、五〇年に強制立退きで妻の里（実家の）中城に移った。そこで一四歳の長女を頭に子供五名を抱え、職を求めたがありつかず、妻の親戚の畑六〇坪を借りて耕作を始めた。それだけでは暮しも立たず、とうとう長男（一四）を糸満へ奉公に出し、長女は学校にもやれずに雑役につかった。そのうち借金はかさみ、加那さんは職にもつけずに苦しい家計を支えていたが、最初の地料支払いの時に手続きをとって講和発効前の分として三〇六一円を受領した。それでも生活は困窮を続け、『もとの土地なら生活も出来たのに』と不遇をなげき、講和発効後の分として五二年七月一日から五三年六月三〇日間の一ヵ年分を請求、二〇〇四円を受取ったもの」と報じる。そして翌三〇日の社説子は「〃一号〃に見る農民の転落」と題して、加那さん一家のとった行為を踏まえつぎのように評する。「講和条約発効後の軍用地の地代を真先に受けとった所謂第一号。その受けとった地代は畑三九三坪に対し一ヵ年二〇〇四円也。……こんな安い地代はどこか山奥の極く辺ぴなところにでも行かなければ今頃、見出せないであろう。しかし馬鹿馬鹿しい程安いとは知りながら此の第一号氏は〝背に腹はかえられず〟受けとったと言うて居る。土地をとりあげられた後の農民が、その生活を賃金労働者としての生活に切りかえるのが、うまく行かず、窮迫状態に追いこまれるのは環境の変化に適応する能力に恵まれない安朴な農民の本相を遺憾なく示しているものと言えよう。この一号氏に似たような境遇に転落している〝土地のない農民〟が外にも相当あるものと思わなければならない」と。

社説子は、長男を「糸満の奉公に出し」てさえ生活を維持することができず、安い地料を受け取った加那さんを「〝一号〟に見る農民の転落」とするが、この評価の仕方は短絡的なものといえる。なぜなら糸満へ奉公に出すとは、人身売買の現代版ともいうべきもので、一家を支えるためのやむにやまれぬ決断であったことを見逃しているからである。農家が必死に生きようとする姿をとらえず、「農民の転落」と評する社説子は、農民の日々の営みがどのようなものであるかを学ぶ必要がある。

地主の契約拒否にあった米国民政府は、アメリカ本国議会が承認した軍用地料支払資金が流れるのを避けるため、一九五三年三月二三日、布令第一〇五号「一九五〇年七月一日から一九五二年四月二七日に至るまで、米国政府によって使用された、琉球人私有地の賃貸契約の締結及び借地料支払の履行権限」を発令する。この布令は、琉球政府行政主席または行政主席の代理人に、「この布令にうたわれた土地の個人所有主の代行者となり、該所有主及び同各人の代行者として一九五〇年七月一日から一九五二年四月二七日に至るまでの該所有主の土地の使用及び借地料支払に関し、該使用主と米国政府間の土地賃借契約を締結し、これを手交する」ことを「認可し、委任し、及び指示する」ものであった（第四条一項）。

また「この布令の規定に基づく土地の所有主は、すべて、琉球政府行政主席がこの布令を公布してから三十日以内に行政主席または琉球政府土地課に通知することによって第四条の規定による行政主席が代行者として契約を締結する権限を拒絶し、取消すことができる」とし、地料の支払いは地主と米国民政府の間の直接的な賃貸契約によるものではなかった。つまり「地料は講和前のもので、米国の義務として支払うものではなく、また土地の使用に伴う契約成立を意味するものでもない。単に米国の同情から地主に見舞金として支払う金」であり、「地主も土地権利を拘束するものでなければ」との認識から、「涙金」の地料を受け取ったのである（桑江、前掲論文、五四頁）。

土地接収の本格化

悪法・「土地収用令」

米国民政府は、地料を地価の六〇％に引き上げて賃貸借契約の折衝を進めるが、地主は依然として拒否し続ける。業を煮やした米国民政府は、一九五三年四月三日、布令第一〇九号「土地収用令」を公布する。この布令は、前文で「米国は、琉球列島の土地の使用および占有に関し、ある程度の必要を有するので、且つ、この必要に応ずべき琉球法規がないので、米国が琉球列島においてその責任を遂行するために必要な土地の権利の取得およびそれに対する正当補償に関する手続を定めることは適切、且つ、必要である」と謳い、つぎのような内容をもつものであった。

土地の権利取得に関し、所有者との協議で意見の一致をみることができないことが確定したときは、沖縄工兵管区地区工兵隊が民政副長官の認可を得て、その処理にあたることができる。収用される土地の評定価格および正当補償の金額、取得すべき権利内容を明示した土地収用告知書を所有者に提示し、三〇日後には強制的に権利を取得することができる。三〇日以内に所有者は文書をもって民政副長官に訴願することができたが、「訴願に際しては、正常補償に関する争点のみを決定するものとし、且つ、この訴願により米国は収用宣告の権利を阻止されないものとする」（第二条一項）とした。しかも「米国が告知後権利を取得するまでの間に、土地または不動産を使用し占有する緊急の必要があると認める時は、民政副長官は該地区からの立退き命令を発する」（第二条五項）ことができたのである。また同布令によって琉球列島米国土地収用委員会が設置された。委員は民政副長官によって任命され、「（収用にかかわる）財産の価格および正当補償を決定する権限を有」（第四条）することになったが、その権限は限定されたものでしかなかった。

「土地収用令」の適用第一号

「土地収用令」公布一週間後の四月一〇日、真和志村（現那覇市）銘苅集落の強制接収がなされた。

「土地収用令」適用第一号である。この強制的接収に対し、琉球政府比嘉秀平行政主席は「真和志村の立退問題に関しては、今日まで長期にわたって折衝を続けて来たが、軍の緊急目的のため軍命により立退かざるを得なくなったのは残念である。一〇日軍からの報知に接し晩まで折衝を続けたが、もはや如何ともなし得ない状況である。

関係者に対しては気の毒に耐えないが、かくなった以上は直接関係者は勿論、一般住民も冷静をもって事に処する態度に出られることを切望する」(『琉球新報』一九五三年四月一二日付)との談話を発表する。一方、オグデン民政副長官は、強制的収用をとらざるをえなかった理由についてつぎのように語る。「米軍が琉球に駐屯する唯一の目的は(共産主義の)侵略を防ぐため琉球列島に要塞を築くことである。もしこの目的を達成しなければならないものであるとすれば、軍の建設計画を遂行しなければならない。軍は今日まで再三、適当な賃借料でこれらの土地を借りるために(地主と)協議したのであるが、地主側は軍当局の支払い得る最高の賃借料による契約さえも強硬に拒否したのである」。また「地主の権利を侵害することは軍の本意ではないが、当地における軍事計画は自由諸国にとって極めて重要であって、如何なることがあっても軍の建設が邪魔されてはならない」(同前)とも強調する。

　強制的接収について、『沖縄タイムス』社説子は「今回の立退き命令が寝耳に水であったので、立ち退きを余儀なくされる集落民達はどこへ移住すればよいか、行き先のあてさえない有様であり、更にその上にこれから先どうして生活していくかの不安におびやかされることになる。……今回のような措置はいたずらに〝強権の発動〟としての印象のみを強くしたのは否定しがたいものがある」(一九五三年四月一四日付)と論じ、『琉球新報』

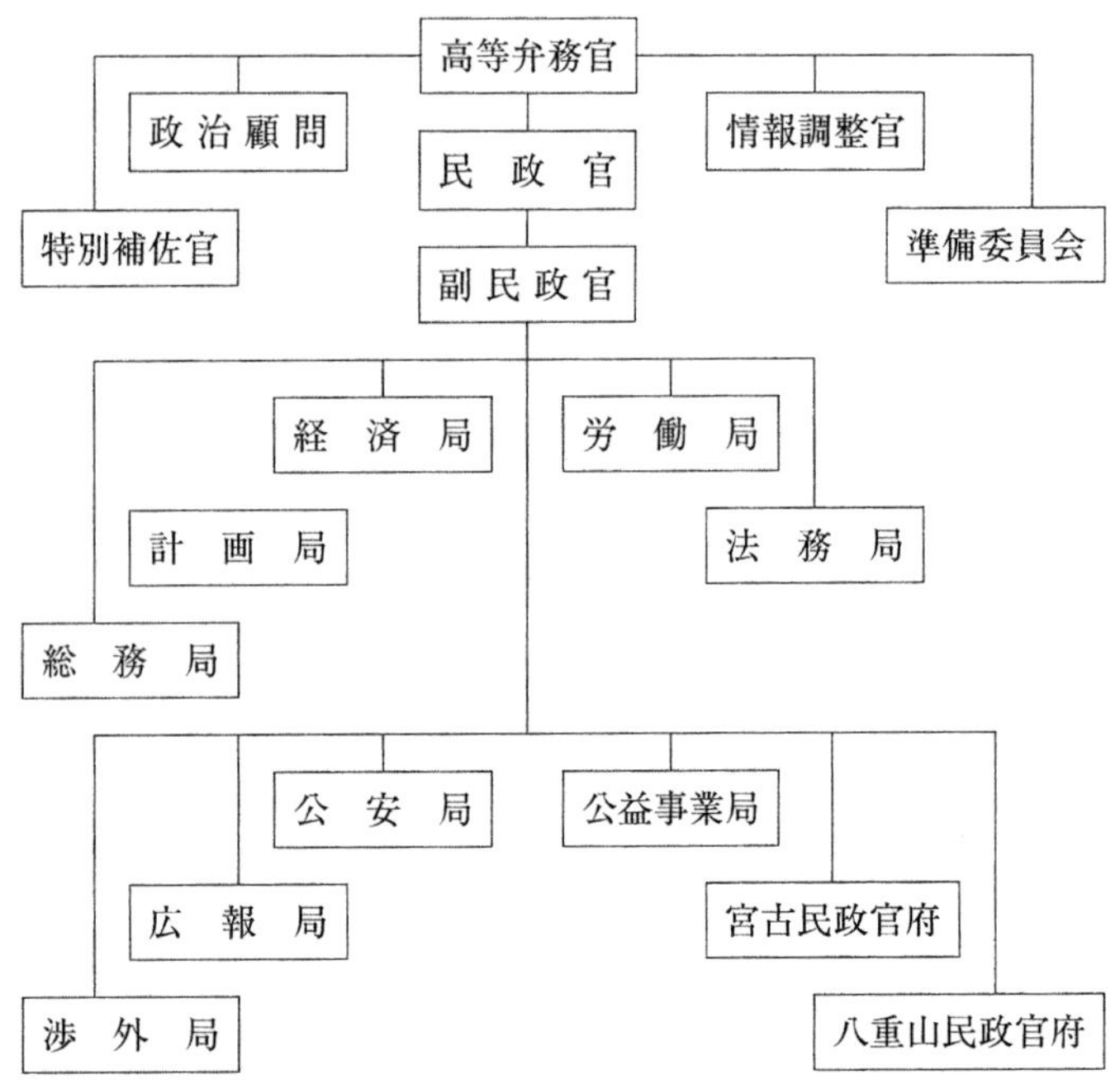

図７　米国民政府組織図

出所：照屋榮一著発行『沖縄行政機構変遷史』（1984年）114頁より作成.

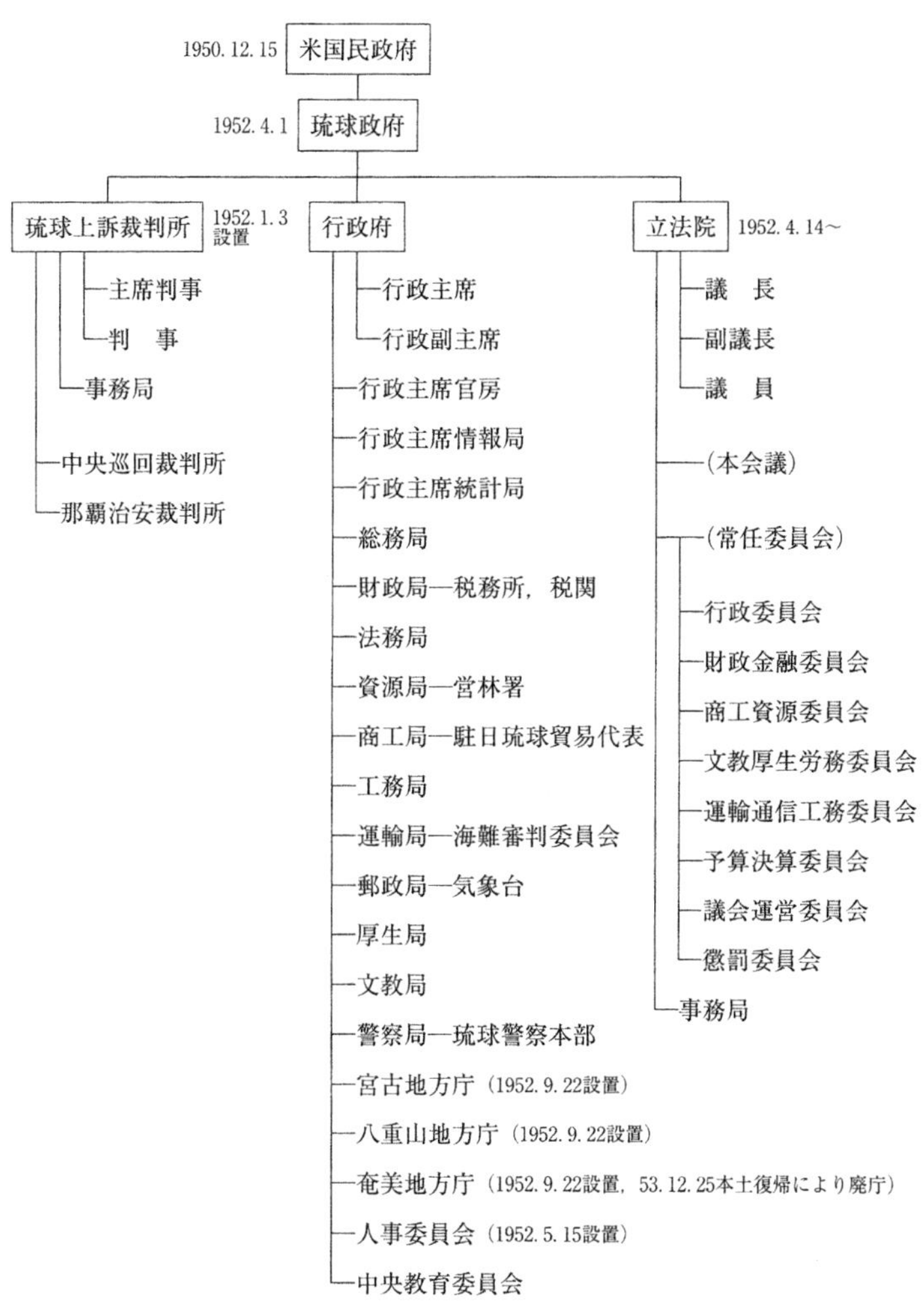

図８　琉球政府組織図

出所：『米国の沖縄統治下における琉球政府以前の行政組織変遷関係史料』（沖縄県公文書館，2000年）38～39頁より作成.

社説子は「こんどの布令の公布により、今後新たな強制立退の事態が予想されるようになった点に軍用地問題の他の面の根本問題を生じたと言うことができるのであって、この際、(琉球)政府も立法院も一致協力、一方においては従来の懸念である適正地代の問題と一方において今後の強制立退の住民生活に及ぼす不安動揺の問題について軍との間に遺憾なき話し合をとげ、所謂軍用地問題の根本的解決を期さなければならない」(一九五三年四月二〇日付)と述べる。

銘苅集落の強制的接収を契機に軍用地問題がクローズアップされていく中で、一九五三年一二月五日、米国民政府は布告第二六号「軍用地域に於ける不動産の使用に対する補償」を公布する。この布告は、アメリカ合衆国が「黙約」によって賃借権を獲得したと宣言するものであった。つまり「該土地が収用された一九五〇年七月一日及びその翌日から合衆国においてその使用についての黙約とその借地料支払の義務が生じ、当該期日現在で合衆国は賃借権を与えられた」(布告前文)とし、「合衆国は、該土地又は不動産の所轄地区土地登記事務所において、使用確認証及び賃借料供託の登記をなす権限を与えられ」(第二条)、賃借料は主席またはその代理人に委託され正当な土地所有者に支払われることになった。そして「法定土地所有者が(賃借料)に対し不満である場合には、供託金の七五%を受取って確認及び賃借料供託証の提出期日から三〇日以内に民政副長官に対し書

図９　金網に囲まれた向こう側は，沖縄ではなかった
（大田昌秀監修『写真集　沖縄戦後史』那覇出版社，1986年所収）

面による訴願をなすことができる。該訴願は……琉球列島米国土地委員会において審理され、その裁定額は……最終決定となる」（第四条）ものとされた。この布告は「合衆国が地主に対し正当な補償をなすことによって軍用地の使用及び占有の権利を取得すべく該地主との書面による契約締結の交渉に努めたが成功しなかった」（布告前文）ことにたいする強硬措置であった。

同布告は、一九五三年一二月五日までにアメリカ合衆国政府によって収用された土地に対し、合衆国政府の黙約による使用権を確認したものである。すなわち土地所有者の承諾なしに、合衆国政府に土地を使用する権利があると認めたものであった。使用した土地の所有者にたいして地代を支払うのは当然で、このことと使用権とはまったく異なる次元の問題であり、不法な権利を認めた布告といえる。

また同布告は、のちの伊江島および伊佐浜土地接収へとつながる布告でもあった。

軍用地料一括払い問題の波紋

地料一括払いと波紋

一九五四年三月一五日、極東軍総司令部はスティーブンス陸軍長官に対し、現在米軍が占有している二万町歩の土地を五万の土地所有者から買い上げることができる資金の特別支出を議会に要請するよう勧告する。

また、このときワシントンを訪れていたオグデン民政副長官は「沖縄の土地所有者に支払われる土地使用料は地代の六パーセントにしか過ぎず、これは他の地域で新しい生活をするための資金としてはあまりに少額であり、これらの不満をなくすため土地の早期買い上げを提案した。土地使用料の全額支払いをし、もし道路や学校が米国の援助で建設されるならば、三千五百家族の人が石垣西表(いしがきいりおもて)の両島に移住することができる」(『沖縄タイムス』一九五四年三月一八日付)と語っている。基地の恒久化を企図する軍用地料の一括払いである。これに対し、比嘉主席はつぎの談話を発表する。「プラムリー准将は軍用地問題に関して記者会見をし、私も立会ったが明朗な発表をしてもらったことを感謝。地代を一ぺんに支払って農民の生業資金に供したいとの考え方であって、このような軍の親心に感謝したい。ただ問題は地代の評価であるが、これについてはプラムリー民政官は地主の満足する土地代の設定を考慮されており、明るい期待をもっている。とにかく軍の考えはどうすれば土地を軍用（地）にとられて困っている地主に生業を与えるかという点であり、その点住民も十分理解し、このような重大問題には軍官民一体となって円満解決をはかっていきたいと思っており、軍に対する住民の総協力体制を期待してやまない」（『沖縄タイムス』一九五四年三月二五日付）と。

四月三日、琉球政府立法院は一括払いの問題を取り上げ「軍用地処理に関する請願」を決議する。この決議は、軍用地の使用料がきわめて低廉（ていれん）で、農耕地を収用され生活の基礎を失った農民にとって最低生活を維持するにははるかに遠く、住民の窮乏は言語に絶するものがあること。米軍による財産の損害は莫大な額に達しているが、何らの補償もなされず被害者の切実な陳情（ちんじょう）もかえりみられない状態にあること、米軍が占領している土地のうちには使用されていない土地が少なからず存在するにもかかわらず、新たな土地の収用は、依然として住民の意思を考慮することなく強制的におこなわれており、住民のこれにたいする不安ははかり知れないものがあること（『沖縄関係資料』南方同胞援護会、一九五七年、三〇頁）を指摘する。そして「アメリカの議会が、更に沖縄の土地の買上と永久使用・地料の一括払の問題を採り上げ、これがあたかも琉球住民の希望であるかの如き印象を与えたことは住民に大きな衝撃を与え、米国の土地政策に対する住民の不信と不満は、今や抑え得べくもないものとなっている」（同前）とし、つぎの「土地を守る四原則」を決議する。

一　アメリカ合衆国政府による土地の買上又は永久使用、地料の一括払は、絶対に行わないこと。

二　現在使用中の土地については、適正にして完全な補償がなされること。使用料の決定は、住民の合理的算定に基く要求額に基いてなされ、且つ評価及び支払は、一年毎になされなければならない。

三　アメリカ合衆国軍隊が加えた一切の損害については、住民の要求する適正補償額をすみやかに支払うこと。

四　現在アメリカ合衆国軍隊の占有する土地で不要の土地は、早急に解放し、且つ、新たな土地の収用は絶対に避けること。

立法院の決議を受けたオグデン民政副長官は、翌一一月一日、「該決議は、琉球列島における軍事基地のための合衆国の土地取得を明らかにする根本原則に対する多少の検討の必要を示しているが、非現実的な提議である。合衆国が、琉球において統治権を行使するに至った結果については検討する必要もないし、また自由世界防衛のため、琉球列島における軍事基地設営を必要ならしめた世界情勢の緊迫を詳述する必要もない」との立場から、土地取得の根本原則をつぎのとおり明示する（同前、三二一〜三二二頁）。

第一に、合衆国は、統治権を行使する間、公共の必要のため要請されるならば、如何なる且つすべての私有地をも取得するだけである。

第二に、合衆国は、公共の必要のため取得されたすべての私有地に対する支払いとして正当な補償額を支給するだけである。

第三に、合衆国が取得し使用する私有地に対する適正補償と看做（みな）される額は、合衆国内で土地が取得される時、合衆国自由国民が要求する場合と同様な考慮により、また同様な手続きの下に決定される。

オグデンは、土地を接収し基地を建設することが「公共の必要」と強調するが、果たして基地建設が「公共の必要」であろうか。土地も家屋も失い、路頭（ろとう）に迷う住民の悲惨な状況を無視して「根本原則」を打ち出した中に、米国民政府の占領政策の本質がある。

ここで、強制的土地接収の典型事例をみることにしたい。

伊江島の場合

一九五五年三月一一日午前八時頃、三隻の大型上陸用舟艇が東海岸に姿を現す。約三〇〇人の武装兵がジープ、トラック、催涙ガス、負傷者を運ぶタンカまで用意して、上陸地点より四キロ先にある真謝集落を目指し突入してくる。やがてブルドーザーの無気味なうなり声とともに、米兵が着剣した冷たい銃口で農民をにらみすえながら、仁王立ちとなり、他の着剣した米兵が作業兵を護衛しつつ、バラ線（有刺鉄線）の柵を張り巡らし始めた。

翌三月一二日午前七時四七分、四名の測量兵が護衛兵に守られ、並里清二（六二歳）の芋畑に軍靴を踏み入れ、杭を打ち込もうとする。座敷でお茶を飲んでいた並里は、あわてて家を飛び出し「畑を荒さないでくれ、ここに杭を打たないでくれ」と嘆願、言葉が通じないと思い、手まね、足まね、眼をつむり寝ころんで見せ「わたしのベビーもママもこのようにして死んでしまう」と地面に手をつきお願いしたところ、かけつけてきた米兵隊長がいきなり拳骨で老人の左肩を殴打、よろけて倒れる右腕をワシ掴み、後ろから二人の兵隊が着剣の銃で威嚇、宅地から連れ去り、米軍用毛布を頭からすっぽり被せ、縄でギリギリに縛り上げ、さらに縄が見えないように毛布で覆い、バラ線で囲って横倒しにころばし、それを一〇人ほどの監視兵が見張っていた。やがて老人はジープにかつぎ込まれ、軍用機に乗せられ、嘉手納飛行場より那覇警察署に送られ、留置された。米軍部隊長は「米軍の血をもってあがない日本軍よりぶんどった伊江島であるから、米軍の自由であり勝手である。君たちはノーと言ってもよい、またイエスと言ってもよい。司令部の命令であるから作業は続行する」と一喝する。

三月一四日は、屈辱に満ちた日として、子や孫の胸底深くきざみ込まれる日となった。わが子のようにはぐくみ育ててきた芋、落花生、サトウキビ、小高い防風林の松も、次々とブルドーザーに引きならされ、営々として築いた一本の柱にも愛情のこもっている家屋敷が荒れ狂う爪にひきむしられていく。戦争未亡人である山城ウメ（三九歳）は、一五歳の男の子を頭に四名の子供の成長をたのしみに、女手ひとつで育てていた。米兵は家に入るや「ママさん、マッチ。ママさんマッチ」と言ってマッチをさがし求め、「やめてくれ、やめてくれ」と泣き叫ぶのを見ながら火を放ち、炎々と燃え上がる炎を見て楽しむかのようであった。真謝の一三戸は、ブルドーザーによってひきならされ、そして焼き払われてしまった。

一四日の夕刻、心身ともに疲れはて飛行場誘導路の固い砂利の上に座り込んだ時、苦しさと悲しみ、かぎりない憎しみと怒りは、言葉で言いつくすことができなかった。帰る所は、米軍があらかじめ張って置いた一三枚の黒いテント幕舎であった。岩盤の上に張られたテント内の農民は、夜は薄暗い石油ランプだけを灯とし、たき物のススさえ舞い落ち、鼻腔を黒くした。ハブ（毒蛇）にも気を配り、日中はムンムンする暑気に食物は腐敗しやすく、雨が降るとテント内の床下まで水浸しになる状態であった。飲料水が思うようにならないので、道路の真下に穴を掘り、その中に溜まる水を使いすすったりもした。

テントの中では「おばぁ」たちが、おさえきれない気持ちをこめて、琉歌をうたった。

○黄金土地奪うらり　なまやくぬあわり　助きやいたばり　衆人万人
（黄金の土地を奪われて　いまはこの哀れ　助けて下さい　大勢の方がた）

○地畑ねんゆいる　くぬないになたる　くりんアメリカぬ　しちゃるしわざ
（畑がないため　こんなになった　これというのも　アメリカのしわざである）

○雨降りば　むゆい　太陽照りば　暑さ　水や泥水ゆ　飲むる　くちさ
（雨が降れば漏り　陽が照れば暑い　水は泥水　それを飲むあわれさよ）

○わが屋敷行きば　見る影やねらん　あたらしか難儀　あだになゆさ
（わが屋敷へ行ってみれば、見る影もない　せっかく難儀〈苦労〉も　むだになってしまった）

三月一四日、農民代表は比嘉秀平主席に会い、米軍の暴行を訴える。比嘉主席は「さきほど軍から電話があったばかりだ。伊江島の住民たちはおとなしい、軍に協力的である、家も自分たちでていねいにこわして移動しているから安心するように」との内容を伝える。

図10　伊江島の主婦たちは「私たちの土地を返してくれ，壊した家を造ってくれ」と訴え，琉球政府前で座り込みを続ける
（阿波根昌鴻『人間の住んでいる島』，1999年所収）

このことばに農民の一人が静かに、だが語気を強くして主席に迫る。「主席様は軍の電話が本当だとお考えですか。御返事して下さい。わたしたちは陳情規定にも決めていますように、ウソは申し上げません。あなたはわたしたちがこんな汚ない身なりをしているので馬鹿にしておられるのですか。あなたが毎日あがっている牛肉も豚肉も、みんなわたしたちのような身なりをした農民が作ったものです。あなたはどこの人間ですか。沖縄人はこんなにウソつきですか」。主席は、顔を真っ赤にして黙ったままであった。農民たちは、返事を聞くまでは伊江島へ帰れないとの決意をもって、琉球政府前で座り込みを続けることにした。数日後、農民代表とジョンソン民政官の会談が実現する。

農民代表が「われわれはかつて学校で〝鬼畜米英〟と教えられ、米軍を非常に恐れていましたが、敗戦直後米軍の宣撫班によって鬼畜でないことがわかり、やはりフランクリンやワシントンやリンカーンのいた民主主義の国であることがわかって、日本が勝って十年もたてば戦争になるが、アメリカが勝ったからもう戦争はないだろう、戦争さえなければ日本が負けてよかったとアメリカが勝ったことを喜んだのです。それなのにこんど伊江島で米軍がやった焼き払い、土地取り上げは、何という野蛮なことですか。このような行為は、米国の恥であります。この野蛮な兵隊を厳罰にして本国に帰してもらいたい。焼いた家をもとどおりにし、土地はただちに返してもらいたい」と米軍の非道に抗議し、補償を要求した。すると、ジョンソン民政官は、こう切り返す。「わたしは、いまの話は聞くに堪えません。わたしは君たちよりも苦しいです。アメリカ兵も聖人だけではありません。日本軍も中国でいろいろ悪いことをしました。わたしは、君たちを非常にかわいそうだと思います。何とか助けてやりたいと思います。しかし助けようと思っても、不幸にして沖縄には助ける法がありません。また助ける予算もありません。助けた例もありません。軍はいままでたくさんの土地を取り上げてきたが、かつて土地を取られた人々が死んだということを聞いたことがありません。だから君たちも、そのような死ぬ心配はしない方がよい。天は自ら助くるものを助くという諺もあるから、生きるために努力しなさい。わたしも君たちの要求が全部とおるように、アメリカ政府に向かって努力します」と。ジョンソン民政官は、あとで述べる伊佐浜の美田一三万坪を強奪したとき、作業服で変装し、軍隊、作業班、ブルドーザーの先頭に立って指揮した、この人であった。

座り込み作戦では埒が明かず、農民たちは、「乞食行進」に打って出ることにした。行動原理は、つぎの点であった。

> 乞食（乞食托鉢）は、これも自分らの恥であり、全住民の恥だ。しかし自分らの恥より、われわれの家を焼き、土地を取り上げ、生活補償をなさず、失業させ、飢えさせ、ついに死ぬに死なれず乞食にまでおとし入れた国や非人間的行為こそ大きい恥だとい

う結論に至りました。乞食になったのではなく、武力によって乞食を強いられているのであります。

七月二一日、「乞食行進」は県都那覇の中心街にある琉球政府前を出発し、平和通り、国際通り、安里、開南、沖縄本島南部の糸満。それから北へ上がってコザ（現沖縄市）、石川（現うるま市）、名護、辺土名を経て、最北端の辺戸、奥、安田。沖縄本島北部の国頭では一字もぬかさないで各集落をまわった。訴えると、婦人たちは涙を流して聞いていた。金を持ち合わせていない人は、わざわざ家に財布を取りに行き、警官は自分でカンパするのは具合がわるいので隣で聞いている女の人に託し、また自分ではやらないがいっしょにいるハニー（愛人）に金を渡してカンパする米人もいた。

こういうことがあった。ある日の懇談会で、ほとんど拍手が起こらない。不思議に思って参加者の一人に尋ねたところ、あまりにもひどい事実に打たれて拍手するのを忘れてしまったからだという。「乞食行進」は、それほど大きな感銘と共感を与えたのであった。「乞食行進」に対し、米軍や警察の妨害はなかった。そのわけは、アメリカの悪口をいわないで事実のみを訴えたこと、警察も事実そのものに打ちひしがれて妨害できなかったことにあった。「乞食行進」は、翌一九五六年の二月に引き揚げたが、わかったことは畑から得られるものの大事さと、土地をどうしても取り返さなければならない切実さであった

（阿波根昌鴻『米軍と農民』岩波新書、一九七三年）。

伊佐浜の場合

一九五四年七月八日、米軍の係官が宜野湾村役所（現市役所）を訪れ、伊佐浜一帯の水田一三万坪に対し、二期作の植え付けを禁止する旨、通告してきた。理由は、水田に蚊が発生して流行性脳膜炎の媒介をなすからこれを防止するためだという。伊佐浜一帯に土地をもつ地主たちは、早速、この問題を協議、「土地は農民にとってはなくてはならぬものであり、これを使用禁止されることは生活を奪われることになるので、是非とも解禁していただきたい、もし、衛生上の理由で禁止するのだったら、蚊が発生しないよう万全の策を講ずる」と立法院・行政府に訴えた。

七月二三日、立法院土地特別委員会では、衛生上の理由で水稲の植え付けを禁止するのはおかしい、これは何かほかに目的があるのではないか、蚊の発生を予防して植え付けを禁止するのだったら次に田を埋めることになりはしないか、ということが論ぜられた。「田魚を放つと蚊の発生は防止できる」との経済局の助言を受け、解禁を民政府法務部長に陳情した。これに対し、部長は、水稲を植え付けさえしなければよい、と回答する。軍は水田を埋めるつもりはないかとの問いに対し、彼は、軍は埋め立てないが、民が埋めるようになるだろう、耕作することは民政副長官も喜んでおり、水稲以外の作物ならば差支えない、と答える。ところが、その頃、宜野湾村役所には口頭で水田の収用が通告され、

図11　沖縄一の美田が広がる伊佐浜
（宜野湾市教育委員会所蔵）

八月三日には民政府書簡で立ち退き命令が下された。

九月九日午前一〇時頃、ブルドーザー三台が数名のＭＰ（Military Police：憲兵）とともに伊佐浜に現れ、耕地の地ならしを始めた。驚いた地主と集落民約三〇〇人が現場にかけつけ、監督に工事の中止を要請した。現在折衝中であるので結果が判明するまで待つよう申し入れると、了承して工事を一応中止した。しかしこのため、三名の区長がＭＰによって民政府本部まで連行され、取り調べを受けるはめになった。その間に、ハイヤーに分乗したＭＰ十数名が警戒に出動、集落民と対峙して物々しい空気に包まれた。その日は双方の話し合いで工事は中止されたが、地主側はあくまで土地は渡せないという立場を守り、強力に陳情運動を推し進めると同時に、農耕・植え付けも平常通るようになる。

りおこない、立ち退く意思のないことを示した。だが、この頃から集落には警官が徘徊(はいかい)す

九月一六日、伊佐浜集落の数名が立法院・行政府を訪れ、「何らの補償を示さないで立ち退かされることには反対である」旨を陳情した。副主席は、「この土地は軍の総合計画区域内であるから、土地の収用を変更させることは難(むつか)しい。しかし、補償の方法はできるだけ考慮するよう折衝する」と答える。軍の方針は、度重なる陳情によっても変更することができず、九月二七日の民政府書簡によって決定的となる。

その後、民政府との折衝が七回開かれ、一九五五年一月一七日の七回目が最終となった。この日の決定は、悲愴な空気の中で進められていく。

一　移動先海岸（長さ九八一尺）の護岸工事は琉球政府がやる。その経費は一九九万B円である（軍票の説明は後出一三四頁以下参照）。

二　食糧費として一戸平均七八〇〇B円を二二一戸（一三〇一人）分支給する。

三　出来るだけ早く家屋並びに構造物の評価をなし、評価額は直ちに支払われる。

四　家屋移動の際は、軍車輛による輸送を援助する。

五　移動者の住宅地として伊佐浜海岸側湿地帯一五二〇坪を軍が埋め立てる。

六　家屋修築用の資材を軍が援助する。

七　普天間飛行場周辺（軍用地）約七万五〇〇〇坪の農耕を許可する。

八　伊佐・喜友名（きゆな）両区の給水を考慮する。

九　賃借料は、継続的に支払われる。

最終決定がなされた翌一八日、新聞はいっせいに伊佐浜問題の「円満解決」を報じる。立法院は、本問題の打ち切りを決定し、委員会を閉じてしまった。ところが、一月三一日、伊佐浜集落の婦人たちが大挙（たいきょ）行政府に押しかけ「接収反対」を訴える。婦人たちは口々に「男たちはあまりに圧迫が強くて折れてしまった。しかし台所を預かる女は、あの条件ではとても生きていけないことを知りつつ立ち退（の）くということはどうしても出来ない。子供たちの口はどうするのか、教育は、もし病気になったときのそれを考えると私たちには絶対に立ち退けない。どうしても立ち退かせるというならそのまま自分の家で殺された方がましだ。新聞は円満解決だというが、私たちが死に追い込まれるのが円満解決なら、沖縄の問題はすべて私たちが死んでしまった時、片付くだろう」と強く抗議した。

伊佐浜婦人たちの「力」に押されて、立法院でも、二月五日に土地特別委員会を再開し、これまでの成り行きを聞くことになった。この日、伊佐浜土地委員長をふくめた男の人三名、老人や子供をおんぶした農婦など約五〇人の婦人たちが傍聴につめかけ、切々と実情を訴える。

沢岻カメ：今の所から立ち退いたら死ぬばかりで、それでこのような所（註―立法院のような偉い人ばかりの集まっている所の意）に恥をも顧みず伺った。戦争が終わってこうしてやって来たが、今また死に追い込まれようとしている。ここを立ち退かされれば、土地の一坪もないまる裸で追い出されて生きて行けるとは思えない。

田里ナヘ：代表の方たちは一致団結して下さい。われわれは最初から自分のものは自分で守るという気持ちだったが、男たちはあまり圧迫が強くて折れてしまった。しかし男が出来なければ女が守る。いろいろ補償してやるというが、そうした補償は要らぬ。自分の土地で暮らした方がよい。一致団結して土地を守ろうとする伊佐浜婦人の気持ちをよくよく察して下さってよろしくお願いします。

大湾マカト：私たちは農家である。農民にとって土地を失ってはやって行けない。それで絶対立ち退くわけにはいかない。立ち退き先は海岸端で、潮が吹きつけてとても住めるところじゃない。そこは昔から捨て所（荒廃地）だ。子供たちを連れて行ってそこで生活することはとてもできない。われわれは自分の土地だから、自分で使わなければならない。

その後、軍から何の回答も通告もなく、住民は絶対立ち退き反対の線で農耕も平常通り続けられた。稲も伸び、水田は清らかな水を湛えてこれが強制接収にさらされている土地だとはおもえないほど、長閑な情景を呈していた。あくまでも蒼く澄みわたった沖縄の空の下で、農夫が一鍬一鍬打ち降ろしていた（『伊佐浜問題の経過』）。

だが、その日は、突然やってきた。一九五五年七月一九日である。容赦ない土地強奪と住宅の取り壊しがはじまる（『琉球新報』一九五五年七月二〇日付）。

午前五時すぎ：バリケードを張りめぐらしている沖縄人作業員に必死に伊佐浜の主婦が食い下がっている。〝沖縄人同志が血を血で洗うようなことをせず、あなた方は家に帰って下さい〟〝アメリカ人がやるならともかく同じ沖縄人のあなた方が沖縄人を売るようなことをするのは情けない〟など主婦の口々から飛び出す言葉に作業員の手もにぶってきたが、かくてはならじとMPが〝どけ、どけ〟と荒々しい英語で女たちを追い散らし工事を進める。

六時半すぎ：またたく間に集落周囲にバリケードが張り回され、中に取り残された住民は、おびえた目を接収に立ち向かった米兵に向けていたが、七〇歳ぐらいの婆さんが放心したように自分の田畑を容赦なく押しつぶしていくブルドーザーを眺めていた。七時ごろ米兵が張りめぐらされたバリケードに〝立入禁止〟の札をぶらさげていく。これで住民と外部との連絡はとぎれ、報道陣は一号線（現国道五八号線）路上からわずかに住民の動きを見守っている。

八　時　半：今まで報道陣がいた伊佐浜区と接した路線にも立ち入ってはならぬとMPより伝達され、約五〇メートルほど離れた地点に移動させられたので、バリケード内の住民の動きが全然わからなくなる。報道陣から〝記者をバリケード内に入れて取材させろ〟という要求が再三なされたが、晩まで遂に報道陣は一歩も中に入れなかった。

一〇時半ごろ：家屋の撤去がおこなわれ、取り壊した家の材料、家具が、軍が移動地として埋め立てた一号線西の俗称〝コウリガタ〟に運ばれはじまる、一杯積んだ家財道具をリフター付きのトラックがザアーと流し落とすという荒っぽい仕事ぶりで、資材に子供用の三輪車が押しつぶされたようになっているのが、妙に痛々しかった。

三二戸、一三六人が住む家を奪われた。接収後、米軍は、キャンプ瑞慶覧（ずけらん）の整備を着々と進めていく。

五六年後の二〇一一年四月二七日、当時の土地接収の際、軍の業務に従事していた作業員の証言がなされた。一九五五年七月一八日の夕方、米軍が「あす早朝三時に迎えを待つように。来なければ解雇する」と命じた。男性はすぐに伊佐浜の土地接収を強行するのだと気付いた。同じウチナーンチュ（沖縄人）の土地を奪う作業に加わるのか。心が揺れ動いたが、同時に二歳の息子の顔が浮かんだ。「クビになれば家族を養えない」。迷いを振り

図12　美田があとかたもない伊佐浜．米軍の土地強奪の象徴
（宜野湾市教育委員会所蔵）

切り、翌早朝に胡屋（ごや）十字路（現沖縄市）で迎えを待った。男性の作業は、家が取り壊された後を整地する重機の操縦であった。作業の合間に、パイプから水を飲んでいると、中年の女性から「うぬ水ぬでぃ、ちゅらぢむなれー（この水を飲んで心を清めなさい）」との言葉を浴びせられた。返す言葉が見つからず、ただうつむいた。「めげていたら仕事ができない」と言い聞かせたという。「忘れられない日として日記に記録していた土地接収については何十年も口を閉ざしてきたが、初めて取材に応じた。ただ男性は、氏名や顔の公表をためらった。伊佐浜住民の心情を意識してのことだ。田園地帯の生活の根源である土地を奪う側に加担させられた男性もまた、心に痛みを抱え続けてきた」（『琉球新報』二〇一一年四月二八日付）のである。

米軍の土地強奪にたいする住民の抵抗運動が広がっていく中で、解雇という作業員らの生活不安に付け入り、沖縄の人たち同士が対立する構図が生み出されたのである。米軍の巧妙な作戦であった。

日本本土の米軍基地用地は、そのほとんどが国有地である。だが、沖縄の基地用地は、沖縄戦「前」に日本軍が強制的に取り上げた土地であり、沖縄戦「後」は米軍が住民を銃剣で脅し、家を焼き払い、ブルドーザーで地ならしをして手に入れた土地である。被害者は、法的な保護も受けることのない、何の権利ももたない住民であった。

「土地なき民」と軍雇用者

「土地を追われる農民」

沖縄における基地の拡大は、住民の強制的立ち退きと土地の強制的接収の上に成り立っている。基地の拡大は、逆に、耕地面積の縮小を生む。

戦前沖縄の産業構造は、農業を主とし、産業人口のおよそ七〇%を農業従事者が占め、しかもその大半が零細自作農であった。彼らは、明治末期から大正期、そして第二次大戦の敗戦にいたるまで、度重なる経済変動や生産力の発展にもかかわらず、経済的範疇として固定化させられたのであった。強制的土地接収は、この零細自作農を襲う。このことを端的に示すのが、表8の耕地面積別農家戸数の推移である。一九四〇年時点で、五反未満層は五五%を占めていた。それが、米軍による土地強奪によって五二年時点では、八〇%水準まで増加する。耕地は破壊され、農民はますます零細化していく。

表8　経営耕地面積別農家戸数の推移

単位：戸(%)

年	5反未満	5反～1町未満	1町～3町未満	3町以上	計
1940	49,205(55.0)	25,331(28.3)	13,251(14.8)	1,667(1.9)	89,454(100.0)
1952	71,638(78.6)	12,333(13.5)	5,615(6.2)	1,506(1.7)	91,092(100.0)
1955	66,666(72.7)	16,115(17.6)	8,009(8.7)	877(1.0)	91,667(100.0)

出所：『琉球統計年鑑』(琉球政府企画統計局，1957年)より作成．

表9　軍雇用者の推移

単位：人

年　月	軍雇用者
1950年1月	43,471
2月	44,293
3月	45,223
4月	47,191
5月	49,157
6月	50,320
7月	51,686
1951年1月	58,026
8月	62,000
1952年5月	67,500
1953年4月	63,800
1954年5月	51,160

出所：那覇市歴史博物館編『戦後をたどる』(琉球新報社，2007年)97頁より作成．

一九五五年五月二三日、米国民政府は軍用地問題解決のため、比嘉主席を団長とする折衝団をアメリカに派遣する。ところが、ワシントンでは五月一七日に下院軍事委員会の公聴会が開かれており、席上、マーカット陸軍省民政局長が「琉球列島における土地取得および移住」について陳述しているが、この陳述こそ、まさしく沖縄の抱える土地問題を裏付けるものであった。

琉球民政において解決を迫られている最も緊要な問題は、米軍軍隊が沖縄における軍事施設のために必要とする土地の取得に関するものである。人口稠密(ちゅうみつ)な沖縄は、古来農業が支配的であり、土地は最も貴重な所有物である。五人家族ならば、平均一〇分の八エーカー所有すれば、生活に事欠かない。この社会においては、土地の所有は社会的地位を決定するものである。沖縄の二九万エーカーのうち耕作に適しているのは、わずか八万エーカーしかない。一平方マイルあたりの人口密度は米国の五一人に比し、一二七〇人である。米軍軍隊が軍事施設に必要な土地を、約四万エーカー取得するに及んで、この土地問題の重要性が極めて明白になった。これには、全耕地の二〇%が含まれており、かつ約五万戸の移住を必要とするものである。現在沖縄に移動中の第三海兵師団にも相当の宿舎、訓練および演習用地が必要なので、この問題は近い将来、さらに複雑になると思う（『沖縄タイムス』一九五五年七月二一日付夕刊）。

沖縄の人たちにとって、土地がどれほど大切なものであるかを認識していながら、強制的に土地接収を繰り返す米軍の非情さは、土地さえ手に入れば、あとは野となれ山となれでかまわなかったのである。

土地を失い立ち退きを強制された住民は、基地建設のための軍労務者、日雇（ひやとい）労働者となって家族を養わなければならなかった。表9にみるように、土地接収が激しさを増すに比例し、軍雇用者も増加の傾向をみる。労働力市場が限られていた沖縄にとって、生活の糧（かて）を稼ぐには基地労働者になるほかに道はなかったのである。

単位：人(%)

備　　考
陸軍，海軍，空軍の直接雇用者
軍の請負業者に雇われている者
クラブ，食堂，PX などに雇われている者
軍免許の企業に雇われている者
メード，コック，庭師など

一九五二年五月は、軍雇用者がピークに達したときである。内訳を表10からみると、米軍に直接雇用されている者が第一位を占め、ついで基地建設工事などを請け負った業者によって雇用されている者、米軍と契約を結んで基地内にあるクラブ・飲食店・売店などを経営する業者に雇用されている者、米軍人軍属が個人的に契約しているメイド・コック・庭師、と続く。

ここで、軍雇用者の〝耐えられない惨めな姿〟をみる。

アメリカ軍人用の食堂労働者たちは、あまりの低賃金をおぎなうために、食堂の残飯をもらって豚を飼い家計のたしにしていた。ところが間もなく、軍命令で残飯の持出しは禁止された。労働者たちは、この処置に対抗するべき一切の組織をもたず、残されたのは陳情だけだ。やがてアメリカ軍は、残飯を現金で売ることを決定し、ただでさえ低い賃金から、残飯代を差し引いたのである。労働者たちは、やむなく、豚を死なせないために、残飯のために金を出した。ところが、こんどは、アメリカ軍は、残飯を買弁的なある飼料業者に払下げをきめたので、もはや労働者たちは、残飯を手にすることも

表10　軍雇用者の動態

雇用の種類	1952年5月	1953年4月	1954年5月	1955年11月
直接雇用者	26,500 (39.3)	18,500 (29.0)	18,837 (36.8)	18,580 (36.1)
請負業雇用者	17,000 (25.2)	26,000 (40.8)	16,229 (31.7)	15,945 (31.0)
雇用者	10,000 (14.8)	14,000 (21.9)	5,106 (10.0)	5,594 (10.8)
免許雇用者	4,000 (5.9)	3,700 (5.8)	1,523 (3.0)	1,443 (2.8)
家庭従業員	10,000 (14.8)	1,600 (2.5)	9,465 (18.5)	9,955 (19.3)
計	67,500 (100.0)	63,800 (100.0)	51,160 (100.0)	51,517 (100.0)

出所：『琉球労働』第3巻第2号(琉球政府労働局労務課，1956年）5頁より作成.

⑦

① LABOR NUMBER C-40274

② NAME OSHIRO,　③ SEX　④ DATE OF BIRTH 1948

⑤ PERMANENT DOMICILE Yomitan-Son　Banchi

⑥ PRESENT ADDRESS 〃　〃

⑧ FILE NO.	⑨ JOB TITLE & EMPLOYMENT UNIT	⑩ DATE	⑪ CLEARED	⑫ TERMINATION-REASON
359004	(Housemaid) K.A.B. 2214 S. H.	11 Feb 65	29 Mar '65	Mother was sick
363649	(House Maid) Btry C 8th Msl Bn 1st Arty	30 Jun '65		

①労務番号　④生年月日　⑦写真　⑩(採用)年月日
②氏名　⑤本籍地　⑧ファイルナンバー　⑪(離職)年月日
③性別　⑥現住所　⑨職種及び所属　⑫辞職理由

※これは「労務カード」から氏名、住所などの情報を消去したものの写しである。

図13　軍雇用員カード

出所：垣花優子「『労務カード』に関する報告」
(『沖縄県公文書館研究紀要』第2号所収，110頁)

できず、豚の飼育を断念しなければならなくなった（森秀人『甘蔗伐採期の思想』現代企画室、一九九〇年、二八頁）。

土地の強奪ばかりでなく、残飯でさえ、売る。これまた何という非情さであろうか。

軍雇用員カード　労務カードLABOR CARDともいう。米軍政府および米国民政府が作成した労務管理用のカードである。現在、沖縄県公文書館に二〇万枚以上が保管されている。枚数からみても、いかに多くの住民が基地労働にかかわっていたかがわかる。

基地労働に従事した者は労務番号が付されて退職後も保管され、再度、軍に雇用される場合でも同じカードに必要事項が記載される仕組みになっていた。カード一枚で基地内における本人の職歴が一目でわかるようになっており、米軍にとっては労務管理上便利なものであった。またカードは「再就労の機会を与える切り札」ともなり、「過去を露呈することで道をさえぎる壁」ともなった。

プライス勧告と土地闘争のうねり

軍用地折衝団の渡米

軍用地問題が難航を極めていく中で、米国民政府との折衝にも限界がみえはじめるようになる。住民のささやかな要望さえもアメリカ本国政府が決定した予算の範囲内でしか認めてもらえず、住民の間から「現地軍ではらちがあかない。住民代表をアメリカ本国政府に送って折衝せしめよ」との声が聞こえるようになる。一九五三年一〇月に来島した米下院予算委員のアンダーソン議員外二名の共和党議員から「米国に直訴せよ」とのアドバイスを受ける。住民は、にわかに勇気を得て、機会あるごとに米国民政府に渡米の必要性を訴えるが、立ち消えとなる状況が続く。このような中の五四年一一月、米国民政府は、琉球政府に対し、軍用地問題についてアメリカ本国政府との折衝を許可する。翌五五年四月二八日、折衝団には比嘉秀平（ひがしゅうへい）主席、琉球政

府経済企画室長・瀬長浩、立法院議員の大山朝常・長嶺秋夫・新里銀三、沖縄県軍用地等地主会連合会会長・桑江朝幸が決定された。

五月一八日、折衝団は農地の補償方法と評価の時期につき「補償要綱」に基づいて折衝することを明らかにする。「補償要綱」の要点は、①補償の範囲は土地の使用料、損失の補償（土地以外の物件、権利または期待利益および滅失地の補償）、②既使用地の土地使用料評価の時期は、一九五四年一二月三一日とし、その後一年ごとに再評価すべきである、③農地の評価は農業所得を基準とする、④その他の土地の評価は、実際価格と関係のない公簿上の価格を基礎とすべきではない、以上の四点であった。五月二〇日、立法院は適正補償、土地使用料の毎年払い、米軍が使用していない不用地の早期返還、損害賠償を柱とする「軍用地問題に関する要望決議」を可決、合衆国大統領、上下院議長、国務長官、陸軍長官、琉球民政正副長官に送付した（行政主席官房情報課編『軍用土地問題の経緯』一九五九年、一〇五〜一〇七頁）。そして五月二三日、折衝団は嘉手納飛行場から東京経由でワシントンへ飛び立つ。

ところが、五月一七日、ワシントンではスティブンスン陸軍長官が議会において、米軍は沖縄の土地五万エーカーに対し、三〇五〇万ドル（三六億六〇〇〇万B円）を一括して支払う、つまり一括して買い上げることを計画しており、すでに下院を通過し、上院に上程されている、と証言していた（琉球政府立法院事務局編『議会時報』第五号、一九五六年、四一頁）。

加えてマーカット陸軍省民政局長も、つぎの理由により沖縄側の要求を不当なものだと批判する。①年間使用料として要求された額は、それ自体過大なものであり、幾年か後には地価の何倍もの額を支払うことになる。かかる支払いは衡平（こうへい）観点からもまた米国の慣習から推しても妥当ではない。②比較的少額の年間地料支払いは、地価額の支払いに反して、地主が他の土地に移動するのに十分な資金となるものではない。③年々支払いすることになれば、地料支払い額の公正か否かに関する現在の論議をくりかえすばかりであり、将来も軋轢（あつれき）と政治的不安の根源となるにすぎない。

そしてマーカットは、現行の土地使用料支払い方法を年々継続すれば、米国に過当な財政的負担を課することになること、地主は米国の決定した年間地料支払いには満足することはないであろう、このことを踏まえてつぎの二つの解決方法を提示する。①米国は、米国軍隊の必要とする土地に長期の権利を確立する。土地にたいする権限を放棄することに対して、琉球人は伝統的に根強い反感を抱いているのにかんがみ、長期の地役権を設定し、米国が土地を必要とする間は、いつまでもその土地を全面的に使用して地主には長期権利設定のときの地価に等しい額を一括払いする。②南部琉球および沖縄の未開地に公共施設

（道路、学校、水道、電気）を建設するため最小限の工事計画を立て、それにたいし資金を提供して、そこに米国軍隊に土地を取得された人達を移住させる（『沖縄タイムス』一九五五年七月二二日付夕刊）。

渡米代表団は、二六日間にわたって、米議会、国防総省などの関係者と精力的な折衝を続ける。五月二〇日に立法院で議決した「軍用地問題に関する要望決議」の中の「軍用地問題は、琉球における最も重要な問題となっている。この問題の早期解決は、全住民の最も切望するところであり、且つ、琉球の政治経済社会等万般（ばんぱん）の問題がその解決如何にかかわっているといっても過言ではない」ことを基本に、一括払い反対、適正補償、損害賠償、新規接収反対の「四原則」を前面に打ち出して交渉に臨む。

一番の難関は、陸軍省民事軍政局で、米軍基地の長期保有という観点から折衝にはなかなか応じず、応じたとしても「一括払いだ」「使用目的によって地代は決める」を繰り返すばかりで、解決の糸口さえつかむことができなかった。

だが、下院軍事委員会では審議の結果、つぎのことが決定された。①軍用地の使用は従来の借地形式を継続し、長期地役権を求めない。②沖縄に移住する第九海兵隊が必要とする土地は、無理のない程度にとりあえず確保する。その借地条件は他の米軍使用地と同じにする。③今秋下院調査団を沖縄に派遣して土地問題の調査、報告を行なわしめる。調査団は米軍が沖縄で必要とする軍用地の面積、土地の評価、適正な地料の査定方法、借地契約の期間などの問題を調査する（宮里政玄『アメリカの沖縄統治』岩波書店、一九六六年、九四頁）。

プライス調査団の来島

一九五五年一〇月二三日、メルヴィン・プライス議員を団長とする米下院軍事分科委員会のメンバー七人が来島する。プライス調査団の来島前の九月三日には、六歳の少女が白人兵に暴行され、惨殺されるという「由美子ちゃん事件」が起こっており、伊江島、伊佐浜では米軍による土地接収が強行されていた。

ところが、一方では、こともあろうに、「米調査団一行の来島を喜び、那覇近郊の学童達が琉球政府前の沿道に立ち並び、〝八十万住民の悲願を聞き届けてくれ〟と人垣をつくっていた。やがてMPの車を先導に十数台の車を従えた四つ星の大将旗をかざした車が現れるや拍手の嵐……車中のメルヴィン・プライス団長は生徒たちの拍手に笑顔で答えていた」（琉球政府行政主席官房情報課編発行『軍用地問題はこう訴えた』一九五六年、スナップ写真のキャプション）。

二三日に来島したプライス調査団の日程をみると、翌二四日から公聴会を開くが、二四日は午後三時から午後五時までの二時間、二五日は午前八時から午後一二時三〇分までの四時間三〇分、合計六時間三〇分であった。現地視察は、二五日の午後、二六日はおそらく午前中で終了したものと思われる。なぜなら調査団一行は、午後三時には嘉手納飛行場を飛び立ち帰国の途についているからである。これだけの調査時間で、軍用地問題が沖縄にとってどれほど重要なものであるかわかるはずがない。アメリカ本国政府は、調査団を沖縄に派遣することで、軍用地問題の解決のため真剣に取り組んでいるとの意志を沖縄県民に示すことになると踏んだかもしれないが、結局は、アリバイ作りでしかなかった。このことは、のちに検討する「プライス勧告」から判断できる。

公聴会での審議　一〇月二四日と二五日の両日、プライス調査団は、米国民政府会議室で軍用地問題をめぐる公聴会を開く。構成メンバーは、アメリカ本国からのプライス団長をはじめ一〇名、米軍代表として六名、琉球政府側代表七名、証人陳述二名、通訳三名、速記二名、支配人一名、関係人としての出席四五名、報道関係五名、牧師三名であった。ここでは、主要な議論のみを取り上げることにする。

比嘉主席：既接収土地により経済的に相当の打撃をうけているにもかかわらず、さらに米軍は沖縄において約四万エーカーの土地の新規接収計画を発表して経済事情をますます悪化させようとしているのであります。現在まですでに沖縄の陸地総面積の約一三％が接収されており、新接収予定地を合算すると実に総面積の二五％に達するのであります。また農耕地の減少も著しく、その影響は深刻であります。土地接収は農家をして耕地を失わしめ、住民をして自由を失わしめています。

プライス議員：第一に接収する土地は公共、国有地であります。第二に過去の経験上たとえ演習、訓練があったとしても、それに対する被害というものは極軽いのでありま す。

フイッシャー議員：米軍が沖縄におるという理由は、共産国の脅威というものを防止するという理由以外には、何もないのであります。

ミラー議員：軍事的施設建設のために住民が立ち退きしなければならないという現象は、決して珍しいものではなく、米国においてもその他の国々においても行われておるのであります。人々が立ち退きしなくちゃならない、そして犠牲にならなければならないことはその目的が重大なために犠牲というものが決して無駄でないということを指摘したい。

比嘉主席：軍事施設を造る必要性は我々も認めております。しかし自由諸国を護るために一部の、五万家族の住民を立ち行けないような犠牲を払わせて然るべきかどうかということは十分考えるべきではなかろうか。

パターソン議員：沖縄に落ちるドルの額というものは膨大であってそれが住民のためになる、つまり沖縄の将来は明るい将来であることを確信しています。

比嘉主席：私が問題にしておりますのは、軍用地に土地を取り上げられて非常に困窮している地主のことをいっているのです。

プライス議員：私たちの来島の目的はどういうふうに過去において、現在において立ち退き者が補償されているか、そういうことを具体的に検討することによって適正価額の決定がなされると信じております。

公聴会では、民間側から個人代表と地主代表の二人が証言に立つが、むしろこのほうがインパクトがある。

東清栄・個人代表：私の財産は全部で四〇〇〇坪余ありましたが、全部飛行場になっております。私は七四歳、妻は五九歳の老体で職につくこともできず、すこぶる困難の生活をしております。毎日毎日もう野菜を食べるカンダバー（芋の葉っぱ）を食べるというふうにして全くもう戦前の畜生みたような生活ぶりであります、こういう状態でありますからして、アメリカは文化の国、宗教の国、世界でも一番いい国だということを新聞や雑誌を見てわかっております。が、こういうような年寄りもどうか人情をお尽しになりまして、この世の中に生きておる間は、否、子孫に至るまで立派なお国でありますからして、この沖縄人の人権を重んじてもらって是非お助けしてもらいたいということを切にお願い申し上げます。只今軍からくださる賃貸料では人間という生活は限りはありませんけれども、が、どうしても生きて行くことはできませんから、どうかアメリカ様この沖縄人も人間とお思い下さいましてお救い下さらんことを繰り返し繰り返しお願い申し上げます。

沢岻安良・地主代表：伊佐浜の土地が強制接収される前は、何不足なく裕福な生活をしておりました。月一人当たり約一五〇〇円の程度でありました。しかしながら現在は美里村嵩原（現沖縄市）に移住しておりますが、一戸当たり一〇〇坪であります。住まう仮小屋は、家族八名の場合で六坪、六名の場合が五坪であります。家もこういうふうにせまくて不自由であると同時に、我々は現在一坪の農耕地も持っておりません。そうして現在は一人宛六三五円九四銭の生活補償は扶助料として（琉球）政府からもらって生活を辛うじてやっているものであります。我々は農耕地を購入して元の生活をやりたいというふうな希望を持っておりますが、何といっても土地の売り手がおりませんので、どうすることもできない現状であります。こういう理由でありますので、我々は接収前は立派な田圃を持ち、立派な家屋を持ってそうして立派な生活をしておりましたが、現在はああいう不便なところにうつされて、土地一つもないところであり、また水の不便とかいろいろの人間の生活として非常に不便な生活であります。がしかし止むを得ず我々はそこで生活をしていかなければいけない現状にあります。私がいうのと現地のくい違いがあるかどうか、貴重な時間でありますが、おくり合わせ下さいまして元の伊佐浜の現地、現在の伊佐浜の現地を詳しく調査してもらうようおねがい申し上げます。

現地視察の感想

調査団は、二五日の午後、二六日の午前、土地を強制接収された立ち退き集落、採石のため農耕地が完全に滅失した集落、海に没した集落などを視察する。視察場所には村長以下多数が集まり、「議員団歓迎」の大のぼりとともに「土地を解放せよ」「米国の真意を信ずる」などの英文プラカードも見られ、学校前では全校生徒が立ち並び、土地にたいする住民の愛着をみせていた。視察後の各議員の感想を聞いてみよう。

フイシャー議員：沖縄の軍用地を目の当たりにみて実に同情に堪えない。私達が地球の反対側にある沖縄に来たことは、それ自体、沖縄の軍用地の問題に関心があると云うことを示す。北中城(きたなかぐすく)ゴルフ場や、西原飛行場をみるにつけても我々はこの問題を慎重に検討しなければならぬ。

ベイツ議員：私達は沖縄の地主たちが土地を失ったり、家を立ち退かされたりしている事実をみることは、実に何とも云えないことだ。

ノーブラット議員：現地をみて感ずることは現地軍が効果的に土地を利用していないと

思われることだ。地代については安いと認めているが、琉球側の要求額も少々高すぎるようなふしもありますので、米国へ帰り次第その調整案を委員会に提出して明年二月ごろから行われる本会議に上程したいと思っている。

ミラー議員：きのうから実地見聞した結果、とてもよい参考資料を得ることが出来た。我々が調査したことも米国に持っていって、軍事委員会でじっくり検討して出来るだけいい結果が得られるように努力したい。

プライス団長は、出発に先立って嘉手納飛行場で、つぎのステートメントを発表する。「われわれは三日間の滞在中に軍用地に取り上げられた集落を調査、（琉球）政府代表はじめ現地民からも十分な資料を得たので、この資料を米国に持ち帰り、この事実でもって沖縄住民の重大問題である軍用地問題を出来るだけ早く解決するよう努力する。米軍は長期間ここに駐屯するだろうから問題をなくすることが解決の道である」と。そして調査団を見送った後、比嘉主席は「米議会が賢明な判断を下し米琉両方が満足すべく結論を出してくれることを祈念している」との談話を発表する（琉球政府行政主席官房情報課編発行『軍用地問題はこう訴えた』一九五六年、一四三・一四五頁）。

プライス勧告

一九五六年六月、「米国政府下院軍事委員会特別分科委員会報告書」、いわゆる「プライス報告書」が発表される。報告書は、「我が米軍が沖縄に駐屯している理由は、それが我々の世界的広範な防衛に実質的役割を演じているからである」とし、「琉球列島においては我々は政治的支配権をもって」いるので、「原子兵器を貯蔵または使用する権利に対して、何ら外国政府の掣肘（せいちゅう）を受けることはない」、また「米国が日本から軍隊を引き揚げる場合、軍事基地として沖縄を保持することは平時にあってもますます重要になってくる」ことを強調する。そして「沖縄が最も正しい意味で『民主主義の陳列棚』と成っている」としながらも、「琉球における我々の主要な使命は戦略的なものであり、それから派生する軍事的必要性が断固として優先する」とも強調する。

報告書は、「琉球政府の要求は不当である」が、またこれまでの「米国の立場も非現実的である」とし、つぎのとおり勧告する。勧告は一二項目あるが、主要な項目を挙げる。

一　無制限に必要とされている財産などに設定される権利は絶対所有権か、または現行法の下で、あるいは現行法の修正によって得られる最高の権利であること。ただし公正な評価に基づいて土地の全価格に相当する金額を支払うこと。

一　農耕地の価格の評価にあたっては農業の生産力に考慮を払うこと。

一　商的財産の評価には比較売却の処理方法をとること。

一　土地は農耕可能および非農耕可能地でも琉球経済に返還できるものはすべて早急

に返すこと。

一　米軍による追加土地収用は最小限に留めること。

結局、プライス勧告は、「地主への一括払いをもって、米軍の必要とする限りその土地の全面的使用を認める」こととし、沖縄側が主張した地料の毎年払いは拒否されたのであった（行政主席官房情報課編『軍用土地問題の経緯』一九五九年、八～一八頁）。

土地闘争のうねり

一九五六年六月九日、米国民政府はプライス勧告の要旨を発表、二〇日には全文が公表された。プライス勧告に期待をかけていた沖縄住民にとっては、大きな衝撃であった。

六月一二日、立法院は、プライス勧告が「民論に基く四原則を無視した非民主的措置であって、全住民は極度に不満の意を表明している。住民の死守するこの非難を容れるよう」要望した電文を大統領・上下院議長・国防長官に送った。また同日、日本政府に対しても「領土主権国としてこれを阻止する手段を講じられるよう」要請する。六月一四日に開かれた立法院、行政府、市町村会、土地連合会の四者協議会は「プライス勧告阻止」「領土権死守」「鉄の団結」などを決議、つぎの決意書をモーア民政副長官に提出する（『琉球史料』第四集、三九三頁）。

琉球住民はプライス勧告による一括払いならびに新規接収に対しては絶対に承服でき

ない。これを阻止するためにあらゆる手段をつくすことを決意している。この問題に対する行政府、立法院、市町村長会および軍用地連合会からなる四者協議会は最後の重大なる決意をせざるを得ない立場にある。米国が本案をあくまでも強行するにおいては土地問題はますます紛糾(ふんきゅう)して米国の期待する方向とは逆の結果を招来(しょうらい)するであろう。副長官はこの住民の重大なる決意をただちに本国政府に伝え、これが事態収拾に最善の努力をなすべきである。

市町村長会は土地連合会の決議にしたがって総辞職に賛成の意を表し、翌一五日には立法院、行政府も総辞職を決意する。一五日に再開された四者協議会は、代表を本土に送ること、住民大会を開くこと、四者協議会を継続して開くことを申し合わせる。そして一六日の四者協議会では、プライス勧告粉砕闘争にたいする実践要綱七項目を決定する（行政主席官房情報課編『軍用土地問題の経緯』一九五九年、二九頁）。

一　組織的団結をもって秩序ある行動をとること。

二　個々の利害にとらわれず、土地を守り、領土を守る正義の主張であるとの確信をもって、何者をも恐れず勇敢に闘う。

三　われわれの武器は、平和を守る固い決心である。従って暴力を武器とすることを否定するが、万一米国が実力を行使することがあっても、われわれは無抵抗の抵抗をもって、力に対処することを原則的に堅持する。

四　われわれは、四原則に反する米国の方針と闘うのであって、在留個々の米人と争うのではない。従って個人としての米国人の人権を侵してはならない。

五　自主的に治安を維持し、社会不安を与えてはならない。守礼の邦（くに）、道義沖縄の本来の姿を再現して、互いに協力し、一切の犯罪が起こらないように努める。

六　上司たる責任者は欠けても、自治行政の機能は停止することなく、必要に応ずる運営の妙を発揮し、今こそ住民の自治能力を示す。

七　長期かつ困難を覚悟すると共に、沖縄の運命を拓（ひら）く光明（こうみょう）のくることを信じ、希望をもって当面する苦難を克服して、最後の栄冠をかちとろう。

六月二〇日夕刻、プライス勧告反対の決意を込め、全島いっせいに各市町村ごとの大会が開催された。全住民の生死にかかわる問題だけに大会に示された住民の意識の盛り上がりは強烈で、この日集まった住民は二〇万人に達し、〝四原則貫徹〟の決議を唱えて強固な結束をあらたにした。この日の『琉球新報』社説子は「市町村民大会へ望む」と題し、「きょう全琉球の市町村で開かれる人民大会というものは封建琉球はもちろん、軍国主義日本の統治下においても全く考えられぬことであった。これは敗戦のもたらしたものであり、アメリカの援助によるものであることをわれわれ琉球人は忘れることはできない。それが今、教えられた手続きを経てアメリカ政府の方策に反対しようということは歴史の皮肉である。いずれにしても土地問題について人民大多数の要求を民主的に打ち出していこうという点は何人（なにびと）といえども無視することはできないし、これを虚構としてしりぞけることも民主的立場ではできないはずである」と論じる。また『朝日新聞』は、六月二四日の夕刊でこの時の状況をつぎのように伝える。

焼けつくような暑さのなかで、いま軍用地問題をめぐって沖縄の人々は立ち上がったわけだが、飛行場から街の中心へ急ぐ途中で見た人々の表情には、なんの興奮のいろもない。しかし、街には「四原則貫徹、土地を護り、郷土を売るな、一括払い絶対反対、プライス勧告を粉砕せよ」という横幕（よこまく）がはためいている。聞けば、けさ掲げられたばかりのものだという。きょう東京からぞくぞく繰り込むはずの記者団を迎えて、沖縄の運動は急激に燃えたぎっている。これまでの四者協議会は二三日、さらに市町村議会議長会を加え、五者協議会として組織を強化したが、これを中心に各政党、青年婦人会や農業、漁業などの生産関係など約二〇の団体も軍用地問題連絡協議会をつくった。「八〇万の住民が秩序ある組織をもって、このように立ち上がったことは、琉球の歴史で初めてだ」と、人々は口をそろえていっている。沖縄タイムスの上間編集局次長は、「多くの人々が地元紙に報道されたプライス勧告の全訳をポケットに持ち歩いて議論している。沖縄の人は忍従の精神に富んでいるが、静かななかにも内には激情がもえている」という。この言葉には、無量の感慨がこもっていた。

六月二五日、那覇で一〇万、コザ（現沖縄市）で五万余を動員し、四原則貫徹の気勢を上げ、土地闘争のうねりはますます高まる。このような中、アメリカ本国では、人権擁護委員会が下院軍事委員長に対し、「米政府による沖縄農地接収は法律上の正規の手続き、および民主的協議の原則を無視したものである。沖縄の人々は米軍政府の決定に異議を申し立てる権限を持っていない」との書簡を送り、プライス勧告に抗議の姿勢を示す（『琉球新報』一九五六年七月二六日付夕刊）。

プライス勧告粉砕をめざす八〇万沖縄県民の固い決意は、七月二八日に那覇高校グラウンドで開かれた「四原則貫徹県民大会」で最高潮に達した。一五万人による〝団結の力で国土を守ろう〟との大会は、歴史的な大集会となった。大会では「いかなる軍事問題よりも人道問題が優先すべきで、軍事優先をとなえるのは、野蛮人のいうことだ。八〇万住民の抵抗には祖国八〇〇〇万の同胞があり、アジア・アメリカを含めた世界の良心がわれわれの味方である。四原則貫徹に住民は一丸となって団結を崩すことなく邁進すべきである」と訴え、つぎのことを宣言する（『琉球新報』一九五六年七月二九日付）。

われわれは断固として屈辱の鎖を断ち切らなくてはならない。われわれは独立と平和と民主主義の旗じるしのもとに、祖国と民族を守り、全県民の土地と生活を守るために四原則を死守する。そして一切のデマゴギーを粉砕し、欺瞞を暴露して闘い、長期化と困難を克服し、常に闘う兄弟達の先頭に立って「国土を一坪もアメリカに売り渡さない」決意を固め、不敗の統一と団結を組んで、鋼鉄のように抵抗する。

土地闘争の収束

これまで沈黙を守っていた米国民政府は、土地闘争の切り崩しに動き出す。民政府は「土地問題にからみ、デモ行進から沖縄人と米人のマサツが予想される」との理由で、八月八日午前九時を期して沖縄本島中部一円の風俗営業店への米軍人軍属の無制限オフ・リミット（立ち入り禁止）を宣告し、土地闘争にクサビを打ち込む。基地司令官は「今度の立ち入り禁止は、経済的な圧迫でなく、土地問題から尾を引くデモ行進などによるマサツを予想したものである」とするが（『沖縄タイムス』一九五六年八月八日付夕刊）、あきらかに経済制裁的な「脅し」にほかならなかった。米国民政府は、土地闘争が沈静化しなかった場合、オフ・リミットを那覇市を中心とする本島南部まで拡大する意図をもっていたが、各市町村から「今後、反米的な会合を許可しない。土地を守る協議会から本土へ派遣された瀬長亀次郎、兼次佐一の両氏を、われわれの代表として認めない」との声明が出され、八月一四日以降、解禁となり、闘争の亀裂がはじまる。

翌八月九日、米国民政府は「土地問題に関する全住民の総抵抗運動における琉大学生の動きが、反米的色彩をおびている」として、琉球大学にたいする財政援助の打ち切りを発表する。琉球大学理事会と学長は「琉球大学を創設しこれを維持する米国政府および米国市民の援助に対してデモ行進をなした責任を感じ、数名の責任者である学生に謹慎を命ずる。なお今後、琉球大学では許可をうけない学外および学内の活動に参加することを禁ずる」(『沖縄タイムス』一九五六年八月一一日付)との声明を出し、六人を退学、一人を謹慎処分とした。

八月三〇日、モーア民政副長官は、比嘉主席、与儀(よぎ)立法院議長、吉元(よしもと)市町村長会長らと会見し、レムニッツァー民政長官の書簡(八月一六日付比嘉主席宛)の内容を伝える。書簡には、つぎのことが指摘されていた。「土地問題に関しては、正式に選抜または任命された琉球政府および市町村の代表職員を通じて、民政府が関係地主とのみ協議することになっている。即ちこれは沖縄教職員会、軍用土地連合会のような、自称地主代表および五者協議会、土地を守る協議会等や、その他今日までに組織され、または将来つくるかも知れない団体のような、混成団体による協議は、決して行わないことを意味するものである」とし、「現在土地所有者は見落されており、……何の権限をもたない扇動的個人、及び本来の使命が、土地問題と全くかけはなれている団体が最も多く発言している」(行政主席官房情報課編『軍用土地問題の経緯』一九五九年、三〇頁）と。このレムニッツァーの指摘は、米軍の強制的土地接収に対し、住民が一丸となって闘ってきた運動を全否定するものであった。

一〇月二五日、比嘉主席が急逝する。後任には、那覇市長の当間重剛が任命された。当間は、市長時代に、「所有権を獲得しないという前提で、適正補償を認め、経済変動を起こさないなら一括払いも反対ではない」（『沖縄タイムス』一九五六年六月一六日付）との立場をとっていた。一二月二五日には、那覇市長選挙が実施され、「四原則貫徹」「原水爆基地反対」「日本復帰」を唱えた瀬長亀次郎が当選する。〝赤い市長〟の誕生は、大きな反響を呼んだ。米国民政府は、当選した二日後の二七日に、那覇市にたいする補助金の打ち切り、銀行融資の停止、市の預金凍結の措置をとる。財界人、建設協会は瀬長に「絶対協力しない」旨の声明を発表、那覇市議員も人民党の三名を除く二七名が瀬長にたいする非協力の姿勢を打ち出す。翌五七年六月一七日、市議会は瀬長の不信任を強引に可決する。そしてついに米国民政府は、一一月二三日「市町村議会議員および市町村長選挙法」を改正、瀬長を公職から追放したのである。米国民政府の「植民地的」占領統治の本質が露骨に出た瀬長追放であった。

一九五八年に入ると、土地問題は大きな転機をむかえる。五月二〇日、ブース高等弁務官――五七年六月五日、アイゼンハワー大統領は「琉球列島の管理に関する行政命令」を公布し、民政副長官に替えて高等弁務官制を設ける――は、陸軍長官に代り当間主席に宛て「六月二〇日ごろ陸軍長官ならびにその閣僚と相互の利益に関する諸問題を討議するため代表六名と通訳一名をワシントンに招待する」との正式文書を送ってきた。二日後の二二日には渡米六代表を正式に決定する。六月二五日、ワシントンに到着した代表団は、翌二六日から折衝を始め、七月七日に終了、つぎの三点を骨子とした共同声明を発表する（『朝日新聞』一九五八年七月八日付夕刊）。

一　土地使用料の支払い方法について琉球代表団と米政府当局とは十分意見を交換した。米政府当局は琉球側が現在の土地政策のある部分に強く反対であることを強く印象づけられた。

一　代表団はもし土地問題で満足な解決がえられたら、この問題についての琉球の政治問題は完全に解消すると保証した。

一　琉球代表団は共産主義の侵略に対する自由世界の防衛のため、琉球諸島が重要であることを完全に理解していることを示した。

アメリカ本国政府との折衝の結果、「琉米合同土地問題現地折衝正式会議」が設置される。八月一一日から一一月三日まで開かれた同会議で、一括払いはしない、四原則は撤廃するとして妥結、長い土地闘争に終止符が打たれたのであった。土地闘争の激しさはアメリカ本国政府・米国民政府による「外的」圧力、加えて我が身を保守する沖縄の財界人および政界人の「内的」圧力によって急速に収束していく。だが、このことが、逆に、大きなうねりとなって沖縄返還運動へと繋がっていくことになる。

類をみない度重なる通貨交換

無通貨時代

沖縄戦は、沖縄の人たちの生産の場、生活の場をことごとく破壊した。経済活動は完全に停止し、金融機関も機能を失う。一九四五年四月一日、沖縄本島に上陸した米軍は、「ニミッツ」布告を発令、

アイスバーグ作戦にみる通貨計画

日本帝国政府のすべての行政権および司法権を停止する。そのうえで、米国海軍軍政府布告第四号「紙幣、両替、外国貿易及金銭取引」を発令、米軍によって発行されたB型円軍票を占領下の沖縄における法定通貨とし、日本国政府または日本陸海軍によって発行された軍票および軍事用紙幣を不法通貨とするとともに、米軍兵士にたいしてはA型軍票を準備した。

このB型円軍票とA型軍票を、沖縄で流通させることは可能であった。なぜならアイス

バーグ作戦で「通貨」については、つぎのような詳細な作戦を立てていたからである（『沖縄県史　資料編12　アイスバーグ作戦　沖縄戦5（和訳編）』沖縄県教育委員会、二〇〇一年、二七五頁）。

一　将校・下士官を問わず全ての兵員は、進攻目標地域において軍票以外で金銭取引を行うことは禁じられている。

二　陸軍、海軍それに海兵隊の各将兵は、最初の乗船時に米国通貨を下記の金額だけ所持することを許可されている。

　a　レイテ島及びマリアナ諸島の部隊：一〇ドル

　b　その他の部隊：一五ドル

三　遅くとも上陸日三日前に、部隊指揮官はその時点で下士官が所持する米国の紙幣と硬貨を全て指揮官に提出するよう要求する。このようにして提出された紙幣と硬貨については各兵員に領収書を発行する。

四　部隊指揮官は上記のように下士官から提出された貨幣を、部隊の移動に伴って配属され、艦艇に乗船中の海軍支払担当機関に預ける。

五　海軍支払担当機関は、受領した米国通貨と交換に部隊指揮官へ軍票を渡す。

六　軍票は、上陸前に上記の領収書と交換で兵員に手渡される。

七　艦艇に乗船している部隊の上級指揮官は、海軍支払担当機関と将校が所持している米国通貨について調整する。

図14　上陸に備えて軍票を受け取る米兵
（沖縄県公文書館所蔵）

このアイスバーグ作戦の通貨計画にみられるように、米軍は、沖縄本島に上陸する前、兵士たちがもっていたドルをA型軍票と交換させた。もし、戦争に負けて日本軍にドルを没収されてしまうと、アメリカ経済に少なからぬ影響を与えることを懸念したからである。B型円軍票の場合は、米軍によって発行されたのではなく、通貨供給担当将校が、一九四五年四月一五日にアメリカ本国から持ち込んだものであったが、翌四六年四月の第一次通貨交換まで貨幣としての機能を果たさなかった。沖縄の住民の間にも流通した形跡はあまりみられない。戦禍によって沖縄社会は壊滅しており、物資の生産・流通の経済活動も絶え、金融機関も消滅しており、最低限必要な生活必需品は無償配給されていたからである。

このことに関して『軍政活動報告』は、「一九四六年五月一日までは法的に沖縄の人たちは軍票B円を持つことができなかった。これは住民と米軍人間のブラック・マーケットを防ぐのに役立った。旧日本円も住民間では通用していたが量は限られていた。貨幣の必要性はそれほどなかった。というのは最低限必要な生活必需品はその必要度に応じて配給されていたからだ」と記す。だが、奄美大島、久米島、伊平屋島、宮古島、石垣島、与那国島などの離島は、経済の完全な破壊は免れており、また米軍の監視の目もとどきにくかったので、沖縄本島とは違って貨幣経済は中断されることはなかった。

慶良間列島経済実験

収容所における生活物資の無償配給、一九四五年一〇月三一日から開始された旧居住区への帰村後も続く無償配給と物々交換に対し、住民の間から貨幣経済の復活を望む声が聞かれるようになる。米軍政府も、沖縄諮詢会から要請を受け、貨幣経済の復活に動き出す。だが、すでに、米軍政府は、四五年六月から一〇月までの四か月間にわたって、沖縄の経済をどのように運営するかについての「慶良間列島経済実験」を座間味島でおこなっており、B型円軍票の使用可能性、賃金制、価格システム、労働力の分類、配給、救済その他の経済問題に関する重要なデータを収集している。

慶良間列島経済実験にあたって米軍政府がとった基本方針は、つぎの点にあった（大田昌秀『沖縄の挑戦』恒文社、一九九〇年、二五三〜二五四頁）。

われわれは、経済的なユートピアを創り出すためとか、いかなる意味でも住民に飽食させるために長期経済計画を樹立する余地はない。通貨経済への移行計画は、米本国からの物資輸入を削減する要求を満たすための冷酷なものでなければならない。

経済計画は、輸入を抑え、生産を増大することを約束しうるものでなければならず、もし、それが指令に示された要求を満たしうるものでなければ、拒否しなければならない。もし、ある特定の計画が、輸入を抑え生産を増大せしめうるものであっても、そこから得られる利益は、その計画を実行するために軍政要員の増大をもたらす不利益と比較較量して検討さるべきである。

たとえいくらかの増産が見込まれたとしても、もし軍政要員の増大を結果するのであれば、軍政要員自体も食っていかなければならない以上、正当化できるものではない。

われわれは、住民の必要を最低限に押さえなければならず、彼らの欲求を人間として生きるうえで最小限の範囲をこえさせるほど補給すべきではない。

この基本方針は、「可能なかぎり被占領地域の経済的自立をはかって、アメリカ本国の財政的負担を最小限におさえる」、とする上陸直後の軍政の基本目的に沿うものであった。では、慶良間列島経済実験は、どのような「実験」であったのか、このことをみることにしたい（『沖縄戦後初期占領資料』九一巻、九一頁以下）。

一九四五年五月頃、米軍政府内部のいろいろな部門で、沖縄の経済をどのようにして復活させるかについての議論が、激しくなされていた。このような中、統合参謀本部から慶良間列島の座間味島で精巧に練られた経済実験をおこなうようにとの指示がきた。どうして座間味島でなければならないかとの疑問も出たが、結局は、統合参謀本部の指示どおり座間味島でおこなわれることになり、「実験」は、つぎの情報が得られるよう計画された。

a　現地住民はB型軍票を容易に受け入れるかどうか、その循環の速さ、（日本）帝国円とは相互に交換されやすいか。

b　アメリカの占領の前に存在した賃金・価格の水準。

c　労働をいくつかの賃金のグループに分類すること、そして達成されるべき賃金・給料を決定すること。

d　食糧品と貿易品の価格を固定すること。

e　帽子製造業、洗濯業、などを創設すること。

f　農業・漁業活動を活性化させること。

g　配給制度の体制。

この計画に沿うかたちで、貨幣経済の復活に向け、困難を最小にするための実験が、つぎの二段階を経て実行される。

第一段階：四五年六月一日にはじまった最初の段階では、砂糖や塩のような重要な品目以外のすべての食糧は無償配給を続ける。これは少なくとも食糧の配給は公平であるという意味からである。沖縄本島で手に入る種類の品は販売に供される。販売店は、住民がこれまで培ってきた度量衡（どりょうこう）によって運営された。移入された商品の値段は、指導者との協議によって決定された。賃金は無償配給で支払われたが、有業者には、年齢・性・職業に関係なく、一日当たり一円の追加があった。

第二段階：賃金の尺度は、占領前に存在していた水準に一致させた。賃金は低めに抑えられたが、階層間の格差は維持された。一般労働、熟練労働、専門労働という大まかに三つの階層に応じて、賃金は一日に八〇銭から一円三〇銭まで、給料は月に一九円六〇銭から三七円までの幅があった。米の半分は無償で配給されたが、残りすべての品目は販売された。物資はとても限られていたので、配給は継続しなければならなかった。九月の終わりまでには、売店の受取額は賃金の支払総額を上回った。また、たくさんの稼ぎ手を抱えている家族の貯蓄を減らすために、生活必需品を買うには収入が足りない人々を世話するために、生計費を超過している家族収入のうちの七〇％（一〇月には五〇％に引き下げられる）を税金とする計画が実行に移された。充分な食糧と生活必需品を買うことができない家族すべてに対し、福祉委員会に申請することが認められた。調査の後、救済額が提示され、税金から支払われる。救済を超過した手取り額に関しては、村議会によって地域のプロジェクトに充当される。

ここにおいて、賃金と価格に関するデータ、日本人の記録のつけ方、配給システム、そして沖縄経済の運用と関係のある多くの慣習に関して、貴重な経験が得られた。

この慶良間列島経済実験を基礎に、米軍政府は、貨幣経済の復活に向けて動き出すことになる。

B型円軍票・新日本円から新日本円時代へ——そしてB型円軍票の復活

貨幣経済の復活

一九四五年四月から翌四六年五月までの間、石垣島、与那国島など、いくつかの離島をのぞいて沖縄には貨幣経済が存在しなかった。沖縄戦を含めて無通貨というこの異常な期間、米軍政府の行為は住民の救済に多くの時間を割いていたが、つぎのような要因も重なっていた（『沖縄戦後初期占領資料』九一巻、一三六〜一三七頁）。

一　米軍によって建物、通信などのほとんどの施設が一〇〇パーセント破壊されたこと。

二　住民が、収容所に押し込められていたこと。

三　政府、社会、経済的機関の組織的形態が崩壊したこと。

四　日本または中国への発進基地へと沖縄を変えていくための陸軍と海軍の計画が不安定であったこと。この不安定さは日本の降伏後も続いた。さらには陸軍と海軍が貪欲に土地を欲し、執着することによって住民の再定住が遅れたこと。

五　沖縄の将来の政治的・経済的地位が不安定であったこと。沖縄はアメリカの所有になるのか、日本に戻されるのか、それとも国連の信託統治領になるのか。

六　政府を再び組織化して経済の再生に取りかかる際、米軍政府に遅さがあったこと。

このような状況の中で、依然として続く無償配給と物々交換に対し、住民の間から貨幣経済の復活を望む声が湧き上がってくる。住民の貨幣にたいする欲求を無視できなくなった米軍政府は、一九四六年三月二五日、米国海軍軍政府特別布告第七号「紙幣両替・外国貿易及金銭取引」を発令し、貨幣経済の復活に乗り出す。それによって①B型円軍票、②日本銀行発行の新円、③日本銀行の検印を捺して効力を認めた五円およびそれ以上の日本銀行発行旧紙幣、④五円未満の日本銀行発行旧紙幣および硬貨、の四種を法定通貨とした。それと同時に、「五円及其れ以上各種の凡ての日本銀行紙幣」（おそらく③・④であろう）、そして朝鮮銀行紙幣、台湾銀行紙幣もその額面に関係なく、上記四種の法定通貨と「対等の両替率」で交換することを命じた。これが、**第一次通貨交換**、である。

一九四六年四月一〇日の『ウルマ新報』には、「待望の貨幣経済五月より愈々復活　軍票、新円、旧紙幣共に有効」との文字が躍る。

　交換は、実際には、住民が戦時中から所持していた旧日本銀行券および補助貨幣とB型円軍票が交換された。沖縄の貨幣制度の出発は、B型円軍票と新日本円の二本建て、という特異な制度をもつ。また米軍政府は、インフレーション対策として、世帯主一〇〇円、家族一名に付き五〇円の交換とし、残りは封鎖預金として凍結された。貨幣経済の復活に

廃止通貨	交　換	流通期間
		0
旧日本円 朝鮮銀行券 台湾銀行券	第一次通貨交換	5か月
B円	第二次通貨交換	1年1か月
	B円の復活	9か月
日本円	第三次通貨交換	10年2か月
B円	第四次通貨交換	13年8か月
ドル	第五次通貨交換	現在にいたる

表11　アメリカ統治下の沖縄における通貨措置

根　拠　法	施　行	法定・流通通貨
1945年4月1日発布 米国海軍々政府布告第四号 「紙幣，両替，外国貿易及金銭取引」	1945年4月1日	米軍発行円紙幣
1946年3月25日発布 米国海軍軍政府特別布告第七号 「紙幣両替・外国貿易及金銭取引」	1946年3月25日	B型円軍票＝B円 日本円
1946年8月24日発布 米国軍政府特別布告第十一号 「貨幣，両替，外国貿易及金銭取引」	1946年9月1日	日本円
1947年10月7日発布 米国軍政府特別布告第二十一号 「特別布告第十一号の改正法定貨幣に関する件」	1947年10月7日	B円 日本円
1948年6月26日発布 米国軍政本部特別布告第二十九号 「通貨の交換と新通貨発行」	1948年7月21日	B円
1958年9月15日発布 高等弁務官布令第十四号 「通貨」	1958年9月16日	ドル
1972年5月12日閣議決定 「沖縄の通貨交換に適用するレートは一ドル三〇五円とする」	1972年5月15日	日本円

出所：『アメリカの沖縄統治関係法規総覧』（月刊沖縄社，1983年）より作成．

図15　貨幣経済で復活した座間味島阿真の売店
（大田昌秀監修『写真集　沖縄戦後史』那覇出版社，1986年所収）

ともなって、沖縄中央銀行（琉球銀行の前身）が設立された。主な業務は、公共、民間を問わず各種事業に必要な運転資金を融資することにあった。

事実、米軍政府は、貨幣経済の復活を命じた一か月後の四月二四日、「沖縄に関する軍政府経済政策について」を発表する（『月刊　沖縄経済』四月号、一九八二年、八一〜八六頁）。目的は「沖縄において現在ならびに予見しうる軍事的経済的および政治的状勢の下に、食糧、衣服、住居ならびに医療の必要を満たすにたる生産をなしうるがごとき生産活動の軌範を設定せんとする」ことにあり、また「能う限り速やかに米国よりもむしろ東洋の市場より諸物資を購入しうることは大いに望ましきこと」で、農業、漁業、工業は「戦争前の状態を基準とし、かつ沖縄が他の南西諸島ならびに、他の極東方面と経済的に再連結の方向を目指す沖縄貨幣経済の斬新的復興」こそ重要であるとしたものであった。

新日本円を唯一の法定通貨に

B型円軍票と新日本円の二種ではじまった貨幣経済であったが、六か月後の八月二四日発令の米国軍政府特別布告第十一号「貨幣、両替、外国貿易及金銭取引」によって新日本円を唯一の法定通貨とする。これが、**第二次通貨交換**、である。極東軍総司令部は、沖縄の民間に流通しているB型円軍票を新日本円と交換することを決定し、交換率は同率とした。通貨交換は沖縄本島・周辺離島のみに実施され、奄美大島諸島、宮古および八重山の両先島諸島は、これまでと同じように、B型円軍票と新日本円が流通する。

極東軍総司令部のねらいは、新日本円でもってB型円軍票の肩代わりをさせることにあった。それは、軍票そのものがもつ性格から判断できる。軍票は、軍の作戦行動の際、戦略行為のために必要な食糧をはじめとする諸物資や労働力の調達のための支払い、占領した場合の経営費に用いられる。だが、軍票のもつ本質を忘れてはならない。それは軍票が発行国通貨の価値を継承しており、償還責務は、発行国が負うということである。この償還義務を回避したいとの意図が極東軍総司令部の中にあった。

ところが、一年後の一九四七年一〇月七日発令の米国軍政府特別布告第二一号「特別布告第十一号の改正法定貨幣に関する件」の、「一九四六年九月一日より有効の米国軍政府特別布告第十一号をここに修正し、B型軍票を法定通貨として琉球諸島住民にも使用せしむるものとす」により、B型円軍票の復活、をみる。

B型円軍票の復活

B型円軍票復活の背景には、何があったのか。重要なのが、戦後のインフレである。琉球経済圏と日本経済圏とを比較すれば、どちらも戦後インフレに陥っている。だが、米軍の放出する補給物資に支えられて、琉球経済圏の日本円の実勢価値が高い。それで日本円が琉球経済圏に流入するのである。しかも当時は、密貿易も盛んで日本円の不法流入も容易であった。加えて引揚者の持ち込む日本円がインフレを助長した。つまりB型円軍票の復活は、琉球経済圏のインフレを抑え込むことにあったのである（松田賀孝『戦後沖縄社会経済史研究』東京大学出版会、一九八一年、一三～一五頁）。

B型円軍票時代

B型円軍票が復活したものの、琉球経済圏への日本円の流入は止むことなく、インフレは依然として進行し、住民の生活は苦しさを深める。このことに加え、輪をかけたのが、沖縄を取り巻く国際情勢の変化であった。この変化は、つぎの三点に絞られる。

インフレの進行と国際情勢の緊迫化

一つは、一九四七年三月一二日、アメリカ大統領トルーマンが内外の共産主義勢力の脅威に晒(さら)されているとしたギリシア・トルコへの軍事援助による冷戦の幕開け宣言。

二つは、戦後アメリカの世界戦略を構想したジョージ・F・ケナンによる対ソ連封じ込め政策。

三つは、中国での毛沢東(もうたくとう)率いる人民解放軍と蔣介石(しょうかいせき)率いる国府軍との内戦激化。

このような沖縄内部の状況および国際情勢の中で、米軍政府は、一九四八年六月二八日に、米国軍政本部特別布告第二十九号「通貨の交換と新通貨発行」を発令、「全日本通貨及びB型軍票の所持者は琉球列島内の郵便局及び最寄の指定交換所に於て同通貨を交換しなければならない」とし、沖縄全域をB型円軍票の単一通貨圏とする。これが、**第三次通貨交換**、である。

B型円軍票を唯一の法定通貨に

四八年七月二日の『うるま新報』は、一面トップで「待望の通貨切換え愈々実現」の特集を組む。内容は、当時の沖縄を取り巻く動きを踏まえたものとなっていて興味深い。「戦後」の生産減退から生じるインフレは、必然的な現象である。沖縄戦後、徐々に復興を遂げてきた沖縄経済であったが、四六年八月の新日本円への切り替えで悪化する日本経済と結び付けられ、沖縄県内のインフレに拍車をかける。だが、米軍による生活物資の援助によって日本本土ほどの横行ぶりをみせなかったものの、国際情勢の緊迫化が沖縄に押し寄せる、と。

ともかくB型円軍票を唯一の法定通貨としたねらいは何か。このことに対し、松田賀孝琉球大学名誉教授は、B型円軍票の復活をも含めて、一四八頁に掲げた『戦後沖縄社会経済史研究』の中で、「軍票発行にともなう経済的負担を背おい込んでもなお、日本と異なる通貨圏を確立して独自の通貨政策を展開することが、沖縄をしてアメリカ極東戦略のキーストーンたらしめるためには必要だったのである」（二九頁）との的確な評価を与える。

沖縄戦後の復興を促進し、インフレを抑制する有効な方法は、沖縄戦で失った生産財・消費財のあらゆる物資の確保、つまり輸入することにあった。だが、問題は輸入のためのドルをどのようにして獲得するかにあった。

琉球商業ドル勘定の設置と一ドル＝一二〇B円の設定

そこで、極東軍総司令部は、米軍基地への雇用、海外への物資輸出、外国同胞からのドル送金、沖縄に居住する外国人への財やサービスの提供、などによって稼いだドルを積み立て、これを輸入のための資金として活用する方法を採用することにした。これが一九四九年四月一日からはじまった琉球商業ドル資金勘定の設置であった。つまり沖縄の人たちがドルを稼げば稼ぐほど、それだけ多くのB円が発行されるというメカニズムを作り出したのである。

ところが、一九五〇年二月頃になると、B円の発行高と流通高がともに減少しはじめ、五二年には「ドルはあるがB円がない」という現象が顕著となり、金詰りと物価下落の要因となった。どうしてこのようなことが起こったのか。その根底には、B円の発行を抑えてその価値を高くし、基地を安価に維持する、というアメリカ政府の政策があった。

琉球商業ドル勘定の設置に加えて、一九五〇年四月一二日、極東軍総司令部は、ドルと

B円の交換比率を一ドル＝一二〇B円に設定する。このことについてシーツ長官は「正式にB軍票に交換した金で取り引きすれば、日本その他から物資を買い付けることの出来るドル資金の貯蓄ができる、ということを住民は認識すべきである」（『うるま新報』一九五〇年四月一三日付）との声明を発表する。

一ドル＝一二〇B円の設定当時の日本円とB円は、一対一の等価であったが、日本円は一ドル＝三六〇円に、B円は一ドル＝一二〇B円に設定したのである。B円を日本円に比し、三倍も高く評価したのはなぜか。それは物資不足に悩む沖縄経済の輸入を促進して住民の生活を安定させることにあり、このことがひいては、安価な占領統治を維持することにつながることにあったからである（松田、前掲書、四二〜四四頁）。

ドル時代

金融調査団の来沖

一九五二年四月二八日のサンフランシスコ平和条約発効後、沖縄の国際的地位のあいまいさに加えて、アメリカ政府の金融専門家の間でも、軍票であるB円の沖縄における使用は国際慣行のうえからも問題があるとして、これを廃止すべきだという意見が起こっていた。

そこで、一九五七年三月、アメリカ政府はエドワード・オフラハーティー陸軍民政局財政部長を団長とする金融通貨制度調査団を沖縄に派遣し、米国民政府の金融制度の調査を命じた。調査団の報告書は、沖縄の置かれている「基本的事実」をつぎのようにとらえる（宮里政玄『日米関係と沖縄』岩波書店、二〇〇〇年、一七一頁）。

①　琉球諸島は占領地ではない。「事実上の主権」は、平和条約によって米国に委譲

された。

②「潜在主権」の解釈いかんにかかわらず、他のいかなる国も琉球諸島に対する法的管轄権あるいは権限をもたない。

③琉球政府は「外国」政府ではなく、その権限は琉球の住民、あるいはかつての日本政府に由来するものでもない。

④琉球政府は、米国陸軍によって創設され、その基本法は、国防長官や適切な米軍当局によって発せられた布告や指令に定められている。この基本法は、国防長官の指示に合致する限り、いつでも米軍当局によって修正される。

⑤琉球政府は、事実上、陸軍省が委譲した権限を行使する。

⑥琉球政府が行政命令あるいは米国議会の立法によって別の法的地位が与えられるまで、大統領およびその配下の国防長官、陸軍長官、民政長官は、琉球の統治に直接の責任を負う。

⑦琉球諸島の統治の法と規則を制定する最終権限は米国議会にある。米国議会が立法するまで大統領は、平和条約によって米国に与えられた権限を行使できる。

このような「基本的事実」を踏まえて、調査団は、合衆国ドルを沖縄における法定通貨とするよう勧告する。勧告理由は、つぎの点にあった（『琉球銀行十年史』一九六二年、三二八〜三二九頁)。

① 国際的流通性の最も高い合衆国ドルの使用は、通貨の自由交換性の問題を完全に解決する。

② 外資導入にあたっても有利な条件となる。

③ 合衆国以外の領域(リベリアおよびパナマ共和国)でも、合衆国ドルを通貨としている国際的先例がある。

④ あらためて米国議会に新通貨発行の承認を求める手数もかからず、行政措置で通貨交換が実現できる。

⑤ 独自の通貨を発行する場合に必要とされる通貨管理機構または人員の必要経費がはぶかれる。

⑥ 琉球内で米軍要員と現地住民側とが別箇の通貨を使用する煩雑さがのぞかれる。

ドル切り替えをめぐって論争が起こる。賛成論者は外国資本の技術およびノウハウを利用しての経済発展が可能になると強調するのに対し、反対論者は外国企業が入り込むことによって地元企業の倒産が続出するとの懸念を示す。

このような状況の中の一九五八年八月二三日、ブース高等弁務官は、つぎのことを骨子としたドル切り替えの声明を発表する（『沖縄年鑑　一九五九』沖縄タイムス社、五一八頁）。

ドル切り替え問題とその後

一　ドル通貨が民間のあらゆる社会に適用されることは、琉球における実業の活動を大いに簡素化するものである。

一　島内産業を奨励するばかりでなく、琉球経済のためになる。この切り替えによって新しい資本や技術力あるいは新しい生産知識を有する外国企業は、さらに奨励されるべきであり、琉球にもっと投資する誘因をもたらすものである。

一　島内企業に資するほかに国際取引もまた一段と促進される。ドル通貨の導入によって琉球の金融界は、はじめて外国取引銀行と普通の金融関係を結び、そして琉球金融界のために国際金融取引もおこなうことができる。

一　通貨は一ドル対一二〇B円の率によって回収されるが、この交換率は八年間も現に通用されているので、債務、預金、保険金、小売値やその他の財務取引に支障をあたえるものではない。

一　通貨の切り替えには一切の政治的つながりはなく、琉球経済の飛躍的発展に大きい役割を果たすものとして歓迎されるべきである。

ブース高等弁務官声明後の九月一二日、立法院通貨対策特別委員会は、一方的なドル切り替えにたいする不満を述べ、対応策を提示する（『沖縄タイムス』一九五八年九月一三日付）。

この「不満」の中に、これまで歩んできた住民の姿が如実に示されているので、長い引用になるが、容赦願いたい。

今回の措置について、常に、琉球の政治的、経済的および社会的福利増進を民主的に図るを基本原則として、これまで統治してきた米国民政府が、このたびの重大政策をおこなうに当たり、なんら住民の意思を問うことなく、これが断行されるに至ったことは心から遺憾とするものである。

琉球住民は、日本国と切り離されて以来今日に至るまで、祖国への復帰を熱望し、ひたすらその実現にあらゆる努力を続けてきたのである。然るに今回の合衆国ドルへの通貨の切り替えということは、米国経済への隷属化を意味することになり、日本経済圏との隔離を益々深めさせ、民族意識に与える影響も誠に深刻なるものがあり、ひいては住民多年の念願の達成も拒まれるものとして憂慮するものである。さらに企業の育成、通貨の逃避、民族資本の蓄積、貿易管理操作、とくに産業、金融政策の自主性の確保など、これに内蔵する幾多の問題を検討した場合、琉球経済を窮地に追い込み、琉球住民の繁栄に大きな不安をかもすことになるとの見地から、今回の通貨の切り替えは好ましくないとの結論に達した。もし米国民政府が「琉球の繁栄と琉球経済の発展」の公算から、あえて通貨切換えを強行する場合は、住民の福祉擁護のため、少なくともつぎの諸点を実現するよう強く要望する（通貨に関わるものに限って掲げる——筆者注）。

一　外資導入に関する一切の権限を琉球政府に委譲すること。
一　外資による企業は琉球人の企業への参加を条件とし、琉球人企業と競合しない生産企業に限定すること。
一　為替管理の実質的廃止に伴う貿易管理強化の必然性により、貿易管理の権限を行政主席に一任すること。
一　自由貿易の設置、運営は行政主席に一任すること。
一　琉球経済に裨益（ひえき）する外資導入の手段を講ずるとともに、軍人軍属および外人企業者などの預金を琉球関係の銀行に預託させる途（みち）を開くこと。
一　通貨政策として琉球政府に通貨調整に必要な準備金を与え、琉球銀行を中央銀行的性格にし金融の調整をはかること。
一　日本からの援助を無条件で認めること。

米国民政府は、立法院が提示した対応策を何ら考慮することなく、その三日後の九月一五日に高等弁務官布令第一四号「通貨」を発令、ドルを沖縄における唯一の法定通貨とした。これが、**第四次通貨交換**、である。ここに、B円は、沖縄「戦後」のあらゆる生活部門に重要な足跡を残し、過去の中へ消え去っていったのであった。

B円からドル通貨への切り替え後、住民の生活は混乱の様相を呈する。どのようなものであったかについては、那覇市でマチャグヮー（小さな雑貨店）を営んでいる「おばぁ」たちの語りと市場の状況をみるだけで充分であろう（『沖縄タイムス』一九五八年九月三〇日付）。

ドル切り替え期間中はお客さんもいなかったのですが、切り替えが終わった二〇日すぎあたりからボツボツ買い物をする人数が多くなってきました。少しだけドルにはなれましたが、おつりの場合に、まだ時々まちがいます。すぐその場で気付けばいいのですが、お客さんもわからないのか何ともいわない。

市場で正札（しょうふだ）をつけているのは果物屋、衣服店、本屋ぐらいのもので、ほとんどの店が商品をならべてあるだけだという。

どうせつけたって買う人が買うのだから聞いてもらうようにしています。婦人会あたりで物価値上がり反対をしているようですが、やはり市場内でもいくらかB円のころより物価は上がっているようですね。

ドル切り替えに最後まで腰を上げなかった市場の人たちも二週間すぎでやっとドルになれたというところだが、「おばぁ」の中にはまだ一枚八セントの換算表を片手にもって商売しているのがみられた。

ドル切り替え後の産業の動きをみると、日本資本が蔗糖（しょとう）部門やパインアップル缶詰部門に投資するようになり、やがて沖縄の基幹産業にまで発展し、輸出の大半を占めるようになる（松田、前掲書、三六一～四一一頁）。だが、外国資本が沖縄に流入して地元企業を倒産させるという事態は起こらなかった。沖縄には資源がないこと、熟練した労働力が少ないこと、域内市場が狭いこと、水道・電気などの整備が遅れていること、つまりは外国資本にとって沖縄は魅力に欠けていたのである。

ドルから円へ

ニクソン・ショックと琉球政府の対応の仕方

一九七一年八月一五日午後九時（日本時間では一六日午前一〇時）、アメリカ合衆国大統領ニクソンは、テレビ・ラジオをとおして全アメリカ向けに「平和のための挑戦」と題する経済緊急政策を発表する。このニクソン声明は、ドルと金の交換停止を軸としたものであり、世界に激震が走る。ニクソン・ショックである。背後には、ベトナム戦争の泥沼化による国防費の増大、失業率の増加、悪性インフレ、国際収支の悪化、があった。ニクソン・ショックは、復帰によるドルから円への通貨交換をひかえていた沖縄に衝撃を与え、すぐさま物価上昇、商品取引の障害となってあらわれる。そこで、八月二四日、立法院は「復帰を目前に控え、円の切り上げがおこなわれると沖縄県民は、計り知れない損失を被る(こうむ)ことになる。日米両政府は、その責任においてこの事態をすみやかに収拾し、県民に不利益を与えないようにすべきである」として、つぎのことを要請決議する（南方同胞援護会編発行『沖縄復帰の記録』一九七二年、一一八七〜一一八八頁）。

一　ドル通貨を直ちに円通貨に切り替えること。

二　ドルと円の交換比率は、一ドル対三六〇円とすること。

三　円通貨への切り替えまでの間、県民に不利益を与えないよう特別措置を講ずること。

四　円通貨切り替えに伴い県民が受けた損失については、完全に補償すること。

ところが、八月二七日、日本政府はこれまで「円平価は堅持する」と言明していたにもかかわらず、円の変動相場制への移行を決定し、翌二八日からドルと円の交換率を市場のレートにゆだねる措置をとる。これは事実上の円切り上げに踏み切ったことを意味し、沖縄県民にとっては、最悪の事態となった。このことに対処するため、八月二七日深夜、琉球政府は緊急部局長会議を開いて、つぎのことをとりまとめる（宮里松正『復帰秘話—極秘の通貨確認作戦—』復帰秘話刊行会、一九八三年、四〇〜四二頁）。

①　今回の円の変動相場制への移行によって生ずる……為替差損は、莫大な額になることが予想され、これを県民に負担させることは、不当である。よって、これらの

為替差損については、本土政府において、直ちに補償措置を講じてもらうように要請する。

②　この際、沖縄の通貨を早急に円に切り替える必要がある。そして、その際、沖縄県民に関するかぎり、一ドル対三六〇円の交換レートを保証するよう要請する。

③　本土の輸出業者がドル価の不安定を理由に、あるいはこれに便乗して、取引を拒否したり、不当な値上げを要求したりすると、県民の生活や経済活動に多大の影響を及ぼすことになる。そこで、本土政府の関係省庁に要請して、直ちに輸出業者に対する行政指導を徹底させ、本土沖縄間の取引の正常化を図るようにする。

④　同様に、県内の業者が商品の不当な値上げをしたり、売り惜しみをしたりすると、県民の生活を圧迫し、県経済を混乱させるおそれがある。そこで、関係各局は、直ちに業者に対する行政指導を強化し、そのような事態を招かないようにする。

⑤　県民が地元の金融機関から預貯金を引き出して本土に円預金をしたり、商品の買い溜め（だ）または買占めをしたりすると、県経済を取り返しのつかない破局に陥（おとしい）れるおそれがある。そこで、この際、通貨対策に全力を傾注して、県民の不安を除去する……。

⑥　金融検査庁の権限を活用して、地元のすべての金融機関について、本八月二七日

現在における県民の預貯金を正確に確認（する）。

九月一日、「沖縄県民だけが犠牲になることは絶対許されない」をスローガンに、沖縄県祖国復帰協議会主催の「ドル危機から生活を守る県民総決起大会」が那覇市与儀公園で開催され、一ドル対三六〇円レートによる切り替え、変動相場制に伴う一切の損失補償、を骨子（こっし）とした「宣言」を決議する（『沖縄タイムス』一九七一年九月二日付）。

九月四日、琉球政府は、八月二七日にとりまとめた対処策に沿って、日本政府に対し、一ドル＝三六〇円での通貨交換の即時実施、為替差損の補償、を要請する。山中貞則総務長官は、前者については「沖縄には、有効な為替管理制度がないから、今通貨交換の手続を開始すれば、忽（たちま）ち投機ドルの流入を招くおそれがある。したがって、まことに残念だが、これは、お互いに断念するほかはない」と拒否する。後者については「為替差損の補償方式としては、これまで関係機関とも協議を重ねてきたが、琉球政府の希望しているような基金ないし円勘定方式は、どうしても取れない」（宮里、前掲書、七五頁）として補助金方式での差損補償の方針を提示する。

円の変動相場制への移行は、さまざまな問題を引き起こす。たとえば、「本土の大学に出している子供への送金はどうなるのか」「ドルでは売らないと、本土業者が取引をキャンセルしてきた。夫の死後、この商売で子供を育ててきたのに」「今まで蓄えてきた預金のドルはどうなる」（宮里悦『やんばる女一代記』沖縄タイムス社、一九八七年、一八八〜一八九頁）などである。このような状況の中で、沖縄婦人団体連絡協議会（婦団協）が立ち上がる。九月一九日、婦団協代表三五人は、佐藤首相にドル不安を直訴するため、つぎの四項目をひっさげて上京する。「三五人という大部隊は、女だけの要請団としては前例のないこと。うなぎ上りの高物価に追いつめられて、日ごろおとなしく口下手で働き者の主婦たちの闘志が、燃え上がった結果である」（宮里、前掲書、一九三頁）。

①　沖縄のドルを直ちに円通貨に切り替えてほしい。その場合、一ドル対三六〇円を保証すること。

②　沖縄向けの輸出貿易の際の為替差損補償は、生活必需物資だけでなく、全品目に対して実施すること。

③　本土への送金については、大学留学生だけでなく、各種学校及び旅行者、病人の入院費などについても一ドル対三六〇円の保証をしてほしい。

④　米国政府に対して、沖縄からの輸出貿易に対する課徴金は廃止するよう、強く折衝してほしい。

やっとのことで、九月二二日、佐藤首相と会うことができた。首相は「沖縄の通貨をドルに切り替えたのは、自分が大蔵大臣の時であった。山中君（総務長官）とも相談して沖縄県民には絶対損をさせないようにするから」と明言するが（宮里、前掲書、一九四頁）、のち期待は裏切られることになる。

通貨および通貨性資産の確認

ドル価値の下落に伴う経済混乱を回避するためには、一日も早い一ドル＝三六〇円の交換が重要であった。この沖縄の一貫した要請にもかかわらず、日本政府は行政権のない沖縄へ円を流通させることができるかどうか、投機ドルの大量流入の問題、などを理由に明確な政策措置をとらずにいた。ところが、一〇月八日、日本政府は、円の変動相場制による県民の損失を補償し、一ドル＝三六〇円の交換を保証することを決定し、つぎの声明を出す（『沖縄市町村三十年史　下巻資料編』一九八二年、五四五頁）。

一　通貨切り替えは復帰時に行う。

二　流通ドルを確認するため、一〇月九日、県民の所持する現金の提出を求め、保有高の証明書を発行する。

三　通貨交換時の交換レートはその時点のレートを使うが、確認額については三六〇円との差損分を交換時に給付金として支払う。

四　金融機関に対する預金および金銭信託に関しては、金融機関に対する各個人の借入金を差し引いた、純資産について現金と同様、差損を給付金として支払う。

五　給付金の支給対象は、琉球政府章典第六八号第三条に規定する琉球住民、沖縄に住所を有する日本国民および沖縄に永住する許可を受けた者で、法人は除外する。

この声明を受け、琉球政府は、県民の保有するドルおよび純資産を確認するため、銀行をはじめ信用金庫、農協、郵便局など全金融機関に一切の業務を停止するよう緊急命令を発する。さらに同日招集された立法院臨時議会に「通貨及び通貨性資産の確認に関する緊急臨時措置法」および「通貨及び通貨性資産の確認に関する緊急臨時措置法施行細則」を立法勧告し、同法は即日可決公布された。これに基づき、純資産については一〇月八日現在の残高、ドル現金については一〇月九日現在の所持額の確認作業がそれぞれ行政主席の命により各金融機関によって実施された。確認された額は、現金六一八八万三〇〇〇ドル、純資産五億一三万ドル、合計五億六二〇一万三〇〇〇ドルであった（前掲、資料編、五四六頁）。

一ドル＝三〇五円の通貨交換

一二月一七・一八日、ワシントンのスミソニアン博物館で開催された一〇か国蔵相間の最終的折衝は、円の対ドル・レートを一六・八八％切り上げ、一ドル＝三〇八円にすることで合意した。

翌一九七二年五月一二日、日本政府は、沖縄における通貨交換のレートを一ドル＝三〇五円と決定する。一ドル＝三〇五円としたのは「五月一二日の最終相場は三〇三円七五銭であるが、平均相場と沖縄への配慮から政治加算した」「決定前一週間の平均相場三〇四円五三銭の端数を計算上の便宜から切り上げた」（前掲、資料編、五四六頁）などの理由によるものであった。

一ドル＝三〇五円の報が伝わると、「ひどいじゃないか、なんのための復帰なんだ」「ガックリと全身の力が抜けるようです。もう不安というより怒りです」「本土政府に期待を持ちすぎたな」「もうやけくそ。どうして沖縄住民ばかり、こんなバカな目にあわなければならないんです」（『琉球新報』一九七二年五月一三日付）との裏切られた怒りの声がうずまいた。

この交換レートは、決定的な値上げムードを作り出し、住民の不安をあおった。翌一三日になると、パニック状態となり、預金を下ろす人たちで、銀行に長い行列ができた。買い溜めをする消費者が、どの商店の前にもむらがった。缶詰、コーヒー、ウイスキー、食料品が買い占められ、店の棚はガラ空きとなった。一方で、業者は売り惜しみ、加えて円の読み替えはやりたい放題であった。たとえば、一ドル（三六〇円）のランチが四五〇円に、二ドル（七二〇円）の農協プロパンガスが八〇〇円に、背広のクリーニング代一ドル一五セント（四四〇円）が五〇〇円、といった具合である。マチャグヮーの「おばぁ」たちは、三〇五円の三桁の換算ができずに、「ウレー　イッターシ　シェー」（これは、あなたたちで計算しなさい）と言って買い手に計算させた（宮里、前掲書、一九六〜一九七頁）。沖縄の市場は、値段があって値段がない異常な事態に陥ったのであった。

一九五八年九月以来、一三年八か月にわたって住民の生活に滲みわたっていたドル通貨は、沖縄返還とともに終わりを告げた。これが、**第五次通貨交換**、である。だが、この終末は沖縄経済を混乱させると同時に、返還後の沖縄経済の苦難の道を暗示するかのようでもあった。

毒ガス貯蔵発覚からレッドハット作戦へ

毒ガス貯蔵の発覚――それは身内から起こった

毒ガス貯蔵の発覚

一九六九年七月一八日付『ウォール・ストリート・ジャーナル』紙――アメリカの代表的な経済専門の全国紙で、経済、産業界に大きな影響力をもつ――は、ショッキングなニュースを伝える。それは「化学兵器の海外配置沖縄で暴露さる。米国基地におけるガス漏洩により二五人が倒る。島内および日本における怒りの反応予期さる。共産側宣伝の好餌か？」の見出しで、内容は驚くべきものであった。

米国は海外における抑止力の一部として致死性化学薬剤で武装した作戦用武器を明らかに使用展開している。先週沖縄の米軍基地における致死性VX神経ガス（現存中の最も致死性の強い神経ガスの一つである。このガスは、大気中にこれを放出したときは他のガスより長く存在する。数ミリグラムを吸入すれば数秒で死に至る。皮膚にわずかでも投滴すれば、人工呼吸および特効薬のような治療対策が早急に施されない場合は数分にして死に至る）の放出事故がそのことを推断させている。ガス容器またはガスを内包する武器が壊れて開き約二五人がそのガスにさらされて病院に入院した。（中略）いままでのところ、米国が国外に致死性化学薬剤を配置展開したということを発表したことはなかった。日本政府に対しても、正式またはその他の方法で、沖縄に神経ガスが貯蔵されていることを通告してないことは明らかである（後略）。

沖縄の米軍基地に、毒ガスが貯蔵されているのではないのか、との疑惑は以前からもたれていた。その典型事例が毒ガス漏れ事故一年前の一九六八年七月二日に起きた「開南小学校児童集団皮膚炎事件」である（日本弁護士連合会『沖縄の基地公害と人権問題』南方同胞援護会、一九七〇年、五九〜六〇頁）。

夏休みを利用して水泳教室を開いていた那覇市開南小学校の六年生が、（沖縄本島）中部東海岸の具志川小学校裏の海岸で水泳中、二三七人の児童が突然、目、鼻、腋の下等、体の組織の柔かい部分にヒリヒリした痛みを訴え、局部が赤く脹れ上がる集団皮膚炎を起こした。長浜外科医の手による緊急治療が行なわれたが、うち三名の児童が入院を命ぜられた。中には治療が長びいた児童も数人いたが、幸いにも全員数日後には後遺症もなく治癒した。しかしその原因の追求に当たっては、琉球政府厚生局は民間企業の工場排水の検査をなし得た程度に止まり、……その真相は、米軍基地の機密という厚い壁に閉ざされたまま、闇から闇に葬られてしまった。この事件以後、毎夏海水浴客で賑わっていた具志川海岸では、水泳をする者はなくなり、四方に広がる美しい海を眺めながら、沖縄の子供達はコンクリートの狭い学校のプールの中での水泳を余儀なくされている。

この「事件」について、アメリカ本国政府は毒ガスによるものだと知っていた。『ウォール・ストリート・ジャーナル』紙も「昨年の夏沖縄において化学生物兵器による汚染の前例が起こったということはありそうなことである。約一〇〇人の沖縄の児童が、米軍基地の近くで水泳をした後、不思議な病気にかかった。幾人かの児童は高熱を出して病院に収容された。米軍当局者は、化学薬品が海中に流出していたかも知れないという申し立てに対して調査をしたが、このような災害の原因を見出することができなかった旨、心配していた琉球政府職員に伝達した」と報じている。

疑惑は、現実となった。このときの驚愕（きょうがく）を語らせよう（『沖縄タイムス』一九六九年七月一九日・二〇付）。屋良朝苗（やらちょうびょう）主席は「これまで沖縄に、ガス兵器があるかどうかは確認できなかった。しかし、報道のように皮膚から吸収しただけでも死ぬという開発された毒ガスがあるとすれば重大な問題だ。沖縄県民は、ずっと核兵器の撤去を要求し、核装備のできるB52や原子力潜水艦の撤去も要求している。このような恐ろしいガス兵器は県民の生命に不安を与えるものであり、絶対に許せない。確かめるべきところに照会し、撤去を強く要求していきたい」と述べている。また屋良主席は、のちに『激動八年』（沖縄タイムス社、一九八五年）の中で、このときの驚きをつぎのように述懐している（五四頁）。

毒ガスは人道上許せない無差別・大量殺りくの極悪兵器である。ウォール・ストリート・ジャーナルの記者は、正義の前には国益でも超越する米国のマスコミの健全さを感じさせたが、同時に沖縄の問題が米国で暴かれ、逆輸入されて県民ががく然となったところに、沖縄の現実の姿が示されていた。いつ、いかなる方法で一万三〇〇〇トンともいわれるボウ大な毒ガス兵器が持ち込まれたのか。こんどの事故に県民から被害者が出なかったとはいえ、いつ、ガスもれ事故を起こすかも知れぬ危険きわまりない兵器と同居させられた県民こそ、正に知らぬが仏である。奇怪至極にも県民の知らぬ間に、このような兵器を貯蔵した非人道性を考えたとき、県民としては絶対に承服できるものではなく、激しい怒り、撤去の声が出たのも当然だった。さらに、この調子では軍事機密の厚いベールにおおわれ、県民の目の届かぬ基地の奥深く、毒ガス以上の秘密装備がかくされている可能性だってある。県民の基地への疑惑、不信はいっそう深まった。

では、このことに関し、沖縄の政党は、どのような考えに立っていたのであろうか。聞いてみることにする。

桑江自民党政調会長：まったく恐ろしいことだ。もし事実とするなら許せない。報道について一刻も早く確かめ、事実を調査する必要がある。われわれとしては、ただちに民政官、高等弁務官に事実をただし、もし事実ならとりのぞくよう要求する。沖縄は戦場ではないのだ。またそうでないとしてもガス兵器などは国際法上許せないものだ。これに関する限り与野党一致できるはずであり、院（立法院）としても早急に対処したい。

知花社大党政審会長：沖縄には日本人として許すことのできないB52が常駐し、核兵器がある。県民はその撤去を強く要求してきたが、これに加えていままた極悪兵器が配置されていることが明らかにされた。このガス兵器は戦場においてさえ認められないものだ。怒りをもってその撤去を要求する。

瀬長人民党委員長：ガス兵器が配備されていることは以前からわかっていたのだ。沖縄基地が総合基地といわれるゆえんだ。しかし今回の報道でその事実がよりいっそう明確になった。全県民の立ち上がりでこれを撤去しなければならない。

崎浜社会党政審会長：ガス兵器は核兵器と同じように殺りく兵器だ。単に兵員だけでなく、そこにある人民はすべて殺さずにはおかない残忍な兵器であり、まったく許すことはできない。しかも報道されているように、そこにガス兵器があるだけで何時被害が出るかわからないのだ。われわれは早急にこの問題を取り上げ、全県民一丸となって撤去させたい。

東原水爆禁止沖縄県協議会事務長：化学兵器については、部隊が置かれているので当然沖縄の基地に配置されているとみて調査を進め、およその実態をつかんでいる。確認できず抗議行動が組めなかったが、こんどの事故は県民の身体に致死性が高く、永続性のある危険なガス兵器が置かれ、事故の可能性も充分証明されたことになる。原水協としてこの事故について真相究明し、場合によっては、その撤去のため強力な大衆運動を展開する考えである。

沖縄県祖国復帰協議会の抗議声明：VX神経ガスの流出事故があったとの報道はショッキングなニュースとして全県民を恐怖に陥れ、B52や原潜とともにこの種人類殺戮兵器の危険な貯蔵基地にされているのに対し、心から怒りをおぼえる。化学細菌兵器の使用は一八九九年のヘーグ宣言、一九二五年のジュネーブ議定書により国際条約として禁止されており、いかなる目的で何を根拠に沖縄に毒ガスを配備しているか米軍は

表12　毒ガス移送関連事項

年　月　日	事　　　項
1968年7月21日	具志川市具志川で海水浴中の開南小学校(現那覇市)の児童らが集団で皮膚炎をおこし，米軍の化学兵器によるものだと疑われた．
1969年7月18日	基地内で致死性の毒ガス漏れ事故が発生，米兵ら25人が病院に搬送されたと米紙が報道．
7月22日	国防総省が神経ガスを含む化学兵器を沖縄から撤去すると発表．同日，立法院で日米両政府あての「毒ガス兵器の撤去を要求する決議」を全会一致で可決．
7月29日	沖縄県祖国復帰協議会が「毒ガス兵器の即時撤去を要求する県民大会」を開催．
11月21日	佐藤栄作首相とニクソン米大統領が72年中の沖縄返還を共同発表．
12月3日	米国民政府が毒ガスを翌春までに沖縄から撤去し，米国内に移送と発表．
1970年1月8日	国防長官がオレゴン州知事に沖縄の化学兵器を同州に移送することがあると通知．
5月7日	国防総省が沖縄に貯蔵されている毒ガスの総量は1万3,000トンと発表．
5月23日	ニクソン大統領が国防総省に対し，オレゴン州に予定していた毒ガスの移送を地元の強い反対のために取り止め，別の貯蔵地を検討するよう指示．
6月29日	上院本会議で沖縄の毒ガスの米国移送を禁止可決．
12月4日	在沖米陸軍報道部が，第一次の毒ガス150トンを北太平洋上のジョンストン島への積出しを開始すると発表．
12月11日	米軍，毒ガスの移送経路とマスタードガス150トンの移送提示．
12月19日	「毒ガス全面撤去要求県民大会」が美里中学校(現沖縄市)で開かれ，約1万人が参加．コザ市(現沖縄市)では「コザ騒動」が発生，ランパート高等弁務官は「邪魔やサボタージュの危険性がなくならない限り毒ガス移送作業を開始しない」との声明発表．

1971年1月6日	在沖米陸軍報道部，移送の日時を11日午前に実施すると発表.
1月9日	移送のリハーサル実施.
1月10日	深夜から11日未明にかけ屋良朝苗主席とランパート高等弁務官が会談，移送の2日間延長を決定.
1月13日	米軍は知花弾薬庫貯蔵の1万3,000トンの毒ガスのうち，マスタードガス150トンを移送，住民5,000人が避難.
3月12日	立法院軍関係特別委員会は，第二次移送ルートについて，基地内から瑞慶山ダム(現倉敷ダム)に架橋，美里村(現沖縄市)，具志川市(現うるま市)，石川市(同)を通るルートを選定．同日，地元三市村は反対声明を発表.
5月17日	米空軍広報部，ジョンストン島の貯蔵施設が完成したと発表.
6月15日	ランパート高等弁務官，毒ガスの第二次移送を7月15日頃から開始すると通達.
7月15日	毒ガス第二次移送開始.
8月25日	天願桟橋で毒ガスロケット弾を積み込み作業中に落下事故，ガス漏れなし.
9月9日	第二次移送完了．移送の実働日数34日間でマスタードガス2,715トン，サリン8,322.1トン，VXガス2,056.6トンの合計1万3,093.1トンを移送.

出所：『琉球新報』(2011年1月13日付)より作成.

明らかにする義務がある。国際法上禁止されている毒ガスを沖縄に持ち込んでいるのはアメリカ帝国主義侵略の残虐性を曝け出したものであり、世界人類への挑戦を意味するものであり、糾弾しなければならない。日本国民全体がアメリカの侵略政策の脅威と危険から解放される唯一の道はB52、原潜、核兵器と化学細菌兵器を直ちに撤去することであり、われわれはいっさいの軍事基地の撤去と日米安保体制の打破、即時無条件全面返還を期して戦う決意を表明する。

沖縄問題解決国民運動連絡協議会からウ・タント国連事務総長宛電文：生物化学兵器についてのあなたの提案を強く支持し、あなたの努力に敬意を表します。非人道的兵器を禁止することは当然であるにもかかわらず、日本の固有の領土である沖縄に米軍によって致死性神経ガス兵器がベトナム戦争のために配置され、すでに事故が発生している事実が明らかになり、日本国民は深刻な衝撃を受けている。あなたが米国政府に対し、直ちにこれを撤去させるため活動されるよう強く要望します。

社説にみる毒ガス事故

ここで、地元二紙、全国紙を代表させて『朝日新聞』の社説から、毒ガス事故をどのようにとらえていたのかをみることにしたい。

『沖縄タイムス』（一九六九年七月二〇日付）：人を殺す兵器に、道徳的順位や、性格をうんぬんすることはバカげているし、原水爆など核兵器の存在とともに、毒ガスや、細菌を戦争に使うことは、断じて許すことはできない。しかし、世界の強国は恐ろしい原子爆弾などの殺傷力と破壊力の強大な武器をつくり、多量に抱えているのにこりずになぜ、生物兵器や化学兵器と称して毒ガスや細菌（チブス、コレラなど）まで動員しようとするのか。背徳、不条理、神をおそれぬこうした考え方が、時として戦争抑止力の大義名分を付して正当化されようとするのは、互いに不信をかこつ大国同士の〝報復能力〟を強調してエスカレートされる。

沖縄は、これまで米軍の前進基地として、また後方基地として、さまざまな役割を演じさせられてきた。Ｂ52の発進・常駐基地としての様相は、住民に極度の不安をもたらした。原子力潜水艦寄港は、そのつど海水の汚染騒ぎで、これまた不安をかきたてるのに十分である。そこへこんどはＶＸ神経ガス事故の発生を報じた外電記事は、住民にあらたな恐怖を呼び覚ました結果となっている。

『琉球新報』（一九六九年七月二一日付）：自国の領土内における保有や実験でさえ、国民の代表である議会側の猛烈な反対にあっているのに、このような兵器を自国外にまで貯蔵し、部隊を配置するとは一体なにごとか。アメリカは口で平和と自由と人道主義にもとづく民主主義を唱え、現実には残忍きわまる生化学兵器の開発・生産・貯蔵をたくらんでいるといわれても、返すことばはないであろう。毒ガス事件を返還との関連のみにおいてとらえると、それなら返還前、あるいは返還後にでも、県民に重大な事故が起こった場合、日本政府はどうするかという問題が起こる。返還後は国の責任において米政府に抗議と賠償要求をするが、返還前は「アメリカに施政権があるから」とこれまでどおりの弁明を繰り返すだけに過ぎなくなるのではないか。

『朝日新聞』（一九六九年七月二四日付）：米軍が、アジアの数か国に化学兵器を配備してるのは、アジアでの使用の可能性を前提にしてであろうが、化学兵器をどこで使う事態を想定しているのだろうか。アジア人は他の地域の人間と違う人種だから、こうした兵器を使用してもかまわないとでも考えているとすれば、それこそ、もってのほかのことである。同盟諸国にも決してよい印象を与えまい。沖縄からだけでなく、アジアのすべての地域から化学兵器を撤去すべきだと、われわれが主張するのは、このためである。沖縄で起こった事件を、単に沖縄からの致死性化学兵器撤去という姑息な措置に終わらせてはならない。米国は、その検討を急ぎ、（七月七日の生物・化学兵器の禁止を求める）ウ・タント（国連事務総長）報告に沿った抜本的な対策を講ずべきである。その点はわが国も同様である。ウ・タント報告、英国の条約案提出、今回の事件を、再び訪れた議定書批准の好機としてとらえ、世界から非人道兵器を追放するための第一歩として、わが国も批准に踏み切るべきである。

冷戦の象徴ともいうべき毒ガスが沖縄で貯蔵されていたということは、とりもなおさず、アメリカ極東戦略の中に沖縄が深く入り込んでいることを意味する。つまり沖縄そのものが、冷戦の最前線基地なのである。身内＝兵士、そして県民を「捨て駒」にしてまでも冷戦を勝ち抜くというアメリカの国家戦略がその根底にあった。

アメリカ政府と日本政府の動き

アメリカ政府の動き

七月一八日、国防総省は毒ガス漏れ事故について、「沖縄で通常の保管作業中、不注意の結果、米軍人二三人と米人労働者一人が医学的検査を受けたが、六時間後には完全に正常な勤務に戻った」との声明を発表した。同省は毒ガス漏れ事故の原因が何であったのかについては触れておらず、またこれ以上のことについての一切のコメントを避けている。アメリカ政府は今度の事件が、米国の施政権下の沖縄で、しかも米軍基地内の出来事であり、一般住民に被害を与えなかったことなどから、日本政府に通報せず、事件が明らかになった現在でも、極力事態が重大化するのを防ごうとしている。しかし、これが沖縄返還問題に及ぼす影響は無視できないようで、国務省は日本部を中心に緊急会議を開き、今後の対策を協議している。

関係者が重視しているのは、今度の事件がたとえ一般住民に直接被害がなかったとはいえ、原因が〝毒ガス〟というきわめて刺激的なものだったことである。問題のガスがはたして国際条約で禁止されているものであるかどうかは別にしても、単なる基地公害として片付けられない要素があるからだ（『朝日新聞』一九六九年七月一九日付）。

ところが、七月二二日、国防総省は、沖縄から致死性の化学兵器の撤去を早める決定がなされた、と発表した。この神経ガス兵器撤去の方針は、同日午前、下田駐米大使がロジャーズ国防長官と会った際、日本側に伝えられ、そのあと国防総省から発表されたものである。沖縄には化学兵器が数年前から配備されていたこと、去る一八日に沖縄で起こった事件の原因が化学兵器「CBガス」であったこと、をはじめて明らかにした。CBガスは、致死性神経ガスで、サリンがその主力である。サリンは、一九三八年にナチスドイツが開発、オウム真理教による無差別テロ、一九九四年の松本サリン事件、九五年の地下鉄サリン事件で使用された。

沖縄から撤去されるのは「致死性の化学兵器」であるとしているが、国防総省スポークスマンは「海外のどこにも生物兵器が貯蔵されていないことははっきりしている」と述べただけで、化学兵器の配備に関しては論評を拒否しているため、「致死性の化学兵器」以外の危険な化学兵器が沖縄にあるのかどうかなどの点はまったく明らかでない。

ニクソン大統領が世界旅行に出発する直前に、急遽、こうした発表がなされたのは、アメリカ国内の生物・化学兵器反対派にたいする先制攻略を狙うと同時に、対日関係への影響を配慮したためとみられる。

発表では、沖縄への持ち込み決定は、一九六一年と六三年になされ「レアード国防長官が就任してから、海外へ化学兵器を配備したことはない」として、すべて前政権によって決められた政策であることを強調している。そしてニクソン政権は生物・化学兵器政策の再検討を進めている最中であり、これについて「アメリカ国民に最大限の朗報を提供する」ことを約束している。

事件が明るみに出て以来、国務省は七月末の日米経済合同委員会や、沖縄返還交渉、さらには対日関係全体への悪影響を懸念し、国防総省にたいして早急に善処措置をとるよう強く働きかけたといわれる。国務省筋は今度の発表によって、事態が重大化することは一応防げたとしているが、今度の事件が沖縄返還交渉に影響せざるをえない、というのが関係者のほぼ一致した見方である。

今度の事件を機会に、アメリカ国内では「国民に危険をおよぼすようなものを、その国の政府に知らせずに持ち込むのは重大な問題だ」、という意見が高まっている。そして「日米関係で大切なのは、今度の事件で失われたような信頼関係である」といった論調も目立っており、今度の事件が、事前協議についての日米間の主張や、日本国民が抱く懸念にたいするアメリカ側の理解を深めるのに役立ったともいえよう（『朝日新聞』一九六九年七月二三日付夕刊）。

米議会の全面調査要求

米国務省スポークスマンは、沖縄の致死性毒ガス事件について国防総省による説明以上の言明を避けた。しかし、メリーランド州などの神経ガス空中実験問題がクローズアップされつつあったこともあって、新聞、テレビ、ラジオは沖縄事件に注目しており、議会ではネルソン上院議員が事件の全面的調査を呼びかけており、その質問要旨はつぎのとおりである（『沖縄タイムス』一九六九年七月一九日付）。

一　最も重大な問題は、沖縄の米軍が神経ガスで何をするのかである。沖縄にこうした兵器があるなら世界中のほかの場所にも貯蔵されているのではないのか。米議会はこの事件を全面的に調査すべきである。

一　北ベトナムが神経ガスを使う可能性は少ないし、したがって沖縄の神経ガスが北ベトナムへの阻止力だとはいえない。

一　米国がアジアの重要軍事基地に神経ガスを持ち込んだ事実は重大な道義上および公（おおやけ）の性格上の問題を喚起する。米国は化学・生物兵器を決して自分の方から使わないというフランクリン・ルーズベルト大統領の政策はいまなお継承されていると思うが、もし国防総省がこの政策を変えるべきだと信じるなら、議会と国民にその立場を説明した方がよい。

一　私は大統領任命の十人の科学者からなる委員会が化学・生物兵器の空中実験が公衆の健康および環境に与える影響を十分調査するまで、この種の実験をすべて即時禁じるよう要求する決議案を提出しているが、沖縄事件によりこの決議案は即時可決する必要がある。

加えて、下院生物保護分科委員会委員長のロイス議員は、沖縄で起きた神経ガスの流出を隠していたことについて国防総省を非難、「これまで軍広報関係の下級職員が発表したところからみると、国防総省は今度の事件について全く真実を明らかにしていない。大統領と国防長官は直ちに事実を公表すべきであり、これまでに知られていることが事実であるとすれば、彼らは政策を変更する義務を人類に負っている」と語る。

日本政府の対応

沖縄の米軍基地に毒ガス兵器が配備されているとの米紙の報道は、沖縄返還に関する日米間の交渉にまたひとつの複雑な問題を加えることになった。愛知揆一外相をはじめ、外務省首脳は、毒ガスが沖縄の住民感情を刺激して、返還交渉に不測の影響を与えることになりはしないかとの懸念を抱いている。また沖縄の基地と日本本土の基地を区別している限り、この種の問題は起こりうるとみて、長期にわたる日米間の友好関係を保つためには、〃本土なみ〃での沖縄返還を実現しなければならない、との考えを強めている。だが、現状では、日米安保条約とその関連取り決めが沖縄に適用されても、神経ガスなどの生物・化学兵器の米軍による持ち込みは、条約上、規制できない。

日米安保条約上の事前協議制度によって、米軍の「装備における重要な変更」には日米間の協議が必要だが、この「装備の変更」は「核弾頭および、中・長距離ミサイルの持ち込みならびにそれらの基地の建設」であることが合意されているだけである。つまり、生物・化学兵器の持ち込みについては、条約上の実質的な取り決めはなく、いわば事前協議の〃盲点〃になっている。したがって防衛施設庁でも「本土に米軍の生物・化学兵器がないとは断言できない」といい、ただ「米軍基地の使用状況からみて、その種の兵器を貯蔵していることはあるまい」との判断をもっているだけである。そこで、沖縄の米軍の生物・化学兵器の撤去は〃本土なみ〃返還と同時に、自動的に実現するわけではなく、米軍基地の整理・縮小問題と同様に、日米間で折衝しなければならない問題である。

政府は、在日米大使館を通じ、沖縄の米軍基地に神経ガス兵器が配備されているとの米紙報道の真相の調査と、沖縄の住民の安全保証に適切な措置をとるようアメリカに申し入れることにし、一八日の夕方、東郷文彦外務省アメリカ局長からオブボーン駐日公使にこの旨を伝えることにした（『朝日新聞』一九六九年七月一九日付）。

七月一九日、外務省は、米軍が沖縄基地に致死性ガスを配備しているという問題を取り上げて対策を検討したが、返還後の沖縄を含め、わが国への生物・化学兵器の持ち込みは断る方向で考えてゆくべきだとの空気が強かった。また、仮に沖縄への毒ガス配備が確認されたとしても、日本側に撤去を要求する法的な規制はないという点を確認し、アメリカ側に「基地住民の不安感」などへの配慮を求めるという結論に落ち着いた。この検討は、毒ガスなど生物・化学兵器を沖縄を含めたわが国に持ち込むことを認めるかどうかが、沖縄返還交渉とからみながら、日米間の重要な問題に発展しそうになったからである。外務省のアメリカ局、条約局を中心にしたこの日の検討は、①沖縄へのガス兵器配備が明らかになった場合、当面の問題としてアメリカ側にどのような申し入れをするか、②沖縄返還後の問題として、わが国への生物・化学兵器の持ち込みにどんな態度をとるべきか、の両面からおこなわれ、毒ガスをはじめ、生物・化学兵器を、わが国に持ち込ますべきではないという理由として、つぎの点があげられた。

一　陸戦の法規慣例に関する条約、毒ガス・細菌兵器の使用禁止に関するヘーグ議定書などで、毒ガスや細菌兵器の使用は禁止されている。これらの取り決めは、加盟国同士の戦争にだけ有効で、しかも開発、貯蔵などを禁止するものではない。しかしいまでは毒ガス、細菌兵器を使ってはならないということは世界に認められた原則になっている。

一　生物・化学兵器のもたらす危険の増大を指摘し、それをなくすよう訴えたウ・タント国連事務総長の最近の報告や国連総会での決議、ジュネーブ軍縮委員会での討議などからも、この種の兵器の「非人道性」は世界中が認めている。

それでは、どのようにして「持ち込み」を封ずるかという点も、検討された。約一〇年前の安保条約改正交渉の際には、生物・化学兵器の持ち込みなどという事態は日本側の念頭になかったため、現在の日米間の了解では事前協議の対象にはなっていない。日米間の了解のワクをひろげ、生物・化学兵器の持ち込みを「装備における重要な変更」のなかに加え、事前協議で「ノー」をいうか、あるいは日米間の声明で持ち込まないことを約束するか、といった方法がいくつか指摘されたが、この日は結論は出なかった。

一方、沖縄への毒ガス配備がはっきりした場合、アメリカ側にどのような申し入れをするかについては、①施政権はアメリカ政府がもっており、②毒ガスを配備すること自体はなんら国際法に違反するものではないなどの理由で、法的には日本がアメリカにたいして撤去を要求できる立場にない、ことを確認した。そして結局、日本としては毒ガスの配備が沖縄住民に強い不安を与えていること、それはアメリカにとっても好ましいことではないこと、などを訴えてアメリカ側の「配慮」と「善処」を要請するほかないとの考えを固めた（『朝日新聞』一九六九年七月二〇日付）。

七月二二日、沖縄の米軍基地に毒ガスが配備されている問題が、「沖縄・北方問題特別委員会」ではじめて議論された。各党が「沖縄からガス兵器の撤去を求めるべきではないか」と愛知外相にただした。これに対し、外相は、①沖縄に致死性ガス兵器が配備されているなら撤去を求めるのは当然だ、②沖縄返還時には生物・化学兵器を沖縄に置かないというのが絶対の方針だ、③生物・化学兵器にたいする日本政府の方針は、現在、ジュネーブ軍縮委員会で審議されているイギリス案について態度を表明するのも一案で、同案を修正することも考えられる、などと答え、沖縄返還前にも沖縄の致死性ガスについて撤去を求める考えを明らかにした。外相のおもな答弁は、つぎのとおりである（『朝日新聞』一九六九年七月二三日付）。

一　今度の沖縄での毒ガス事件については、アメリカ大使館のオズボーン公使を通じて真相を究明しているが、本土に毒ガス兵器はなく、沖縄では厳重な管制のもとに置かれていると答えた。さらに、今度の事件の物質が致死性神経ガスであるかどうかをただしたところ、ウォール・ストリート・ジャーナル紙に報じられたような致死性のＶＸ神経ガスではないと説明した。

一　（「こうした毒ガス兵器が沖縄にあることは沖縄県民にたいする侮辱ではないか、撤去を要請すべきだ」との宇野氏の質問に対し）私も同じような考えをもつ。政府としては、実態の解明が第一歩と考え、努力しているが、もし伝えられているような致死性のものであれば、撤去を求めるのは当然だ。

一　沖縄の施政権返還時には、生物・化学兵器がないことが絶対的な条件だ。しかし、返還は一九七二年になるので、返還の時期より前でも、こうした毒ガス兵器の撤去を求めることは本土の者のつとめだ。

一　政府の姿勢として、返還前にすみやかに沖縄住民を安心させるのがつとめだ。

一　致死性ガス兵器の配備は、あり得てはいけないことで、事前協議以前の問題だ。

野党いっせいに抗議

野党各党は、沖縄に致死性ガスの実戦用兵器が配備されているというアメリカ紙報道を重視し、一八日夜、それぞれ撤去要求の談話を発表したが、国会の審議が再開され次第、最も早い機会に衆参両院の「沖縄・北方問題特別委員会」などで真相究明に乗り出す意向であった。社会党では、最近国連でも問題として取り上げられている生物・化学兵器の一種が沖縄一〇〇万同胞の中に置かれていることは絶対に許されないとし、政府がその真相を明らかにするとともに、アメリカに対し、即時撤去を求める方針である。民社党は、一八日夜永宗沖縄対策特別副委員長の「政府はアメリカ政府に対し、沖縄からVX神経ガスの即時撤去を要求すべきだ」との談話を発表、日本共産党は、不破哲三政治外交委員長の「政府は毒ガス配備の実態を調査し、即時完全撤去を要求せよ」との談話を発表した。公明党は、「政府は非人間的殺人兵器の撤去をアメリカ政府に要求せよ」との渡部外交委員長の談話を発表し、国会で真相を究明しようとの構えを明らかにした（『朝日新聞』一九六九年七月一九日付）。

一九七〇年に入ると、「沖縄・北方問題特別委員会」は、二度にわたり沖縄における毒ガス撤去を決議する。

一度目は、六月一八日の「沖縄における米軍毒ガス兵器の撤去に関する決議」で、内容はつぎのとおりである（南方同胞援護会編発行『沖縄復帰の記録』一九七二年、八九四頁）。

昨年七月沖縄の米軍基地内における毒ガス事故の発生を契機として、米国政府はその撤去を明らかにしたにもかかわらず、いまだに撤去されていないことはまことに遺憾である。よって政府は、沖縄県民をはじめとする国民の要望にもとづき、すみやかに毒ガス兵器が撤去され、かつ、移送までの安全性が十分確保されるよう、米国政府との交渉を強力に推進し、その実現を期すべきである。

二度目は、一二月一六日の「沖縄の毒ガスに関する決議」で、内容はこうである（同前、八九五～八九六頁）。

去る十二月四日、米国国防省は、沖縄にある毒ガスの撤去計画を発表したが、それによれば、近く開始される第一回目の積出しはマスタード・ガス百五十トンに限られ、残余の撤去は、一九七一年末か七二年早期に予定されているジョンストン島の貯蔵施設の完成後となることが明らかとなった。これは、従来米国政府が言明してきたところと必ずしも一致せず、沖縄県民に大きな不安と動揺を与えている。よって政府は、沖縄にあるすべての毒ガス兵器の一日もすみやかな撤去と搬出に当たっての安全の確保を、再度米国政府に強く要請すべきである。

毒ガス撤去闘争と琉球政府の苦悩

撤去闘争の開始

毒ガス貯蔵が発覚すると、沖縄県祖国復帰協議会（以下、復帰協と略す）は、一九六九年七月一九日「毒ガス兵器配備に抗議する声明」を発表する。声明は、沖縄への毒ガス兵器の配備に厳重に抗議するとともに、「B52、原潜などの核兵器と、化学細菌兵器に対して直ちに撤収を求め、一切の軍事基地の撤去と日米安保体制を打破する闘いを一段と強化しなければならない」（『沖縄県祖国復帰闘争史　資料編』沖縄時事出版、一九八二年、五三九頁）との決意を表明するものであった。さらに七月二九日には、琉球政府構内で、およそ五〇〇〇人の参加者を集めて「毒ガス兵器の即時撤去を要求する県民大会」を開催し、つぎの決議を採択する（同前、一一三〇頁）。

去る七月十八日、沖縄の米軍基地での毒ガス流出事故で二十四人の軍要員が病院に運びこまれたという報道は、県民に大きな衝撃といいしれぬ不安を与えている。この事件は、沖縄の米軍基地が、Ｂ52、原潜の発進寄港基地、核基地であると同時に、人類殺戮兵器として危険きわまりない化学、細菌兵器をも配備していることを具体的に明らかにしたものである。国際法上禁止されている毒ガス兵器を沖縄に配備していることはアメリカ帝国主義がベトナム侵略戦争において、いかに非人道的な残虐きわまりない作戦を展開してきたかということを、そして沖縄は、まさにこの「皆ごろし作戦」の前進基地として使用されてきたことを証明するものである。われわれは、かかる侵略戦争に一切手をかすことを拒否する。

翌一九七〇年四月二〇日、復帰協は第一五回大会で「アメリカのベトナム侵略戦争に反対し、毒ガス兵器の撤去、原潜寄港の即時停止を要求する決議」を採択する。骨子は、「沖縄の空にはＢ52、Ｆ105など核搭載機が飛び交い、海には原子力潜水艦が遊弋（ゆうよく）し、コバルト六〇をまき散らし、陸にはこれら空、海の核兵器の貯蔵庫は勿論、ホークミサイル、メースＢなどの核基地がひしめき、加えて終極兵器といわれる生物化学放射能兵器をも配備している。一度事故が発生すれば沖縄は雲散霧消しなければならない」（同前、五七四頁）と指摘したものであった。

五月二三日には、美里中学校で労働者、民主団体、学生など約一万人が結集して「毒ガス即時撤去要求・アメリカのカンボジア侵略反対県民総決起大会」が開かれた。この大会において注目すべきは、「大会宣言」の中の呼びかけである。「われわれはまず沖縄からの毒ガスおよび一切の核兵器の即時撤去、米軍のカンボジア侵略反対、アジア全域からの米軍の即時撤退を要求して断固闘い抜くことを決意する。さらに、われわれは、より多くの県民が反戦平和のために立ちあがり、アメリカをはじめ、全世界の反戦の仲間と連帯して闘うよう呼びかける」（同前、一一三三頁）。

七月二一日、那覇市与儀公園で「ジュネーブ協定十六周年を記念して、毒ガスの即時撤去を要求し、米軍人の犯罪に抗議する県民大会」が開催され、「B52を始めとする核兵器や毒ガスは、県民の生命を危機にさらしており、県民の不安はその極に達している。われわれは、侵略戦争の犠牲にならなければならない理由はない。かかる兵器はジュネーブ協定に反し、明らかに国際法上違法であるから速やかに廃棄することを要求する」（同前、一一三五頁）を決議する。

一二月一九日、復帰協主催の「毒ガス即時完全撤去を要求する県民大会」が、美里村（現沖縄市）で労働者団体、教職員会、婦連、政党など約一万人が参加して開かれた。「決議」の中で「われわれは、アメリカ政府の沖縄県民無視の態度並びに、それを容認してきた日本政府に対して怒りを以って抗議するとともに、沖縄から毒ガスを即時完全撤去するよう次の通り要求する」とし、「毒ガス兵器は、米国内基準に基づく安全対策により、県民の生命を保証せよ」「戦争と犯罪の根源である一切の軍事基地を撤去せよ」「凶悪化する米軍犯罪と人権無視の無罪判決に抗議し、捜査権、裁判権を民へ移管せよ」（同前、一一三七頁）を掲げる。

立法院の抗議決議

琉球政府立法院は、七月一九日に毒ガス事故が報道されるや、四日後の七月二二日には緊急本会議を召集して「毒ガス兵器の撤去を要求する決議」を全会一致で可決する。決議の内容は、つぎのとおりである（南方同胞援護会編発行『沖縄復帰の記録』一九七二年、一一七一頁）。

米国が沖縄に核兵器を装備し、現にB52爆撃機によるベトナムへの出撃を繰り返し、県民に不安を与えその撤去を要求している中に、致死性毒ガスが沖縄に配置され現に事故が発生しているということは、県民にとって一大衝撃である。国際的にも禁止されている毒ガス兵器を日本国土である沖縄に配備しているということは、毒ガス戦を禁止する国際協定にも反し、人道上絶対に許さるべきものではない。われわれは、米国がこのような非人道的な毒ガス兵器を沖縄基地内に保有し、県民を不安に陥(おとしい)れたことに厳重に抗議し、一切の毒ガス兵器の即時撤去を強く要請する。

さらに、一二月二四日には「毒ガス一万三千トンの移送計画の全容、安全基準を明示すること」「百五十㌧のマスタードガスの撤去時期を明確にすること」「毒ガス撤去にあたって日本の専門家を立ち会わせること」（同前、一一七六頁）を決議する。

毒ガス撤去闘争は、復帰協主催の県民大会、琉球政府立法院の撤去要求決議をはじめ、各市町村議会においても撤去決議がなされ、島ぐるみの闘いとなる。二〇一一年七月一五日の『琉球新報』社説子は、「毒ガス移送四〇年」と題して、「沖縄の毒ガス撤去は世界的にも先駆的取り組みだ。毒ガス貯蔵が発覚したころ、国連でようやく化学兵器の禁止に向けた論議が始まっている。化学兵器禁止条例が発効（九七年）したのは毒ガス撤去から二六年後、二〇〇七年までの全廃を定めたが、米国とロシアは廃棄作業が遅れ、まだ実現していない」と論じる。

沖縄返還が実現して四〇年の時が過ぎた。だが、今なお、沖縄は基地問題をはじめ、日本本土との間の経済的・政治的空白は埋まっていない。「毒ガス撤去を実現した当時の沖縄側の取り組みは、四〇年を経過しても色あせない。大いに学び今に生かすべきだろう」との提言を受け止め、困難な道ではあるが、一歩一歩歩んでいくことの中にこそ、解決の糸口もみえてこよう。

琉球政府の苦悩

一九七〇年五月二二日、屋良主席は「沖縄の毒ガス撤去に関する米大統領への要請」を打電する。この中の「大統領の、化学兵器そのものと、その使用を放棄するとの政策に基づき、昨年一二月に撤去を宣言され、さらに米国陸軍省は本年五月七日、沖縄からこの種の兵器を撤去するための具体的計画を発表しましたが、これがいまだに実施されていないことは遺憾であります。米本国でも強い抵抗のある化学兵器が、常に臨戦体制にある沖縄の米軍に配備されていること自体に問題があります。私は、貴職が沖縄百万県民のはげしい要求と不安を率直に理解され、人道的立場から、また理由のいかんを問わず、勇断をもってこの種兵器を沖縄から即時撤去していただくよう強く要請いたします」（南方同胞援護会編発行『沖縄復帰の記録』一九七二年、一〇一八頁）に琉球政府の苦悩が端的にあらわれている。

翌一九七一年一月一一日、屋良主席はランパート高等弁務官に対し、第一次移送の二日間延期を要請する。延期理由はこうであった。住民は、一月一一日という移送予定日では、十分な検討も適切な避難準備もおこなう時間がないと言い張る。集会の雰囲気などからすると、住民は一月一一日の移送を阻止しようとしており、なかには道路に座り込むという者や移送車両の通り道を「力ずくで」封鎖するという者までいる。そのうえ、さまざまな団体が阻止行動を支援するため他の地域の住民をも動員する構えである。混乱を避けるために、移送は一月一一日に実施すべきではない。強行すれば混乱は不可避である。高等弁務官は「第一次移送の目的は沖縄側の不安をやわらげることであり、移送を強行すればそである。

の目的に反する」として、二日間の延長を認め、第一次移送は一月一三日に実施されたの

　つぎに琉球政府を悩ましたのが、第二次移送コースの変更にかかわる道路建設費をどうするかであった。米軍は、建設費をビタ一文も出さないという。第一次移送コースで十分であるのに、変更するのは沖縄側の意思だからだという。沖縄側に資金がないことは米軍も知っている。日本政府に出させたらいいというのが、米軍の本心であった。四月二五日、屋良主席は上京、山中貞則総務長官に建設費約二〇万ドルの支出を要請する。ところが、大蔵省はなかなかウンといわない。山中長官は福田蔵相に再三電話で強く要請、二六日の夕方、やっと二〇万ドルの支出が決定をみたのである（『激動八年』七〇〜七一頁）。

　だが、決定の裏には、四月二二日付で高等弁務官から陸軍省宛に出した「レッドハット代替道路費負担に関する日本政府のシナリオ」（沖縄県公文書館所蔵）があった。

A　まず、屋良主席は代替道路案がレッドハット作戦に使用されることについて周辺住民からの合意または理解を得る必要がある。

B　主席から弁務官に米国が建設費の全額または半額を負担するよう要請してもらう。日本政府としては、主席が納得できる理由でその要請が却下されることを期待する。

C　主席は弁務官との会談後に高瀬（沖縄大使）のところへ行って米国に拒否された

ことを伝え、日本政府が費用を負担するよう要請する。

このシナリオは、吉野文六外務省北米局長と山中貞則総務長官によるものであった。屋良主席は、シナリオどおりに動いたわけだが、ここにも、日本政府の琉球政府を「政府」とも思わない行政姿勢があったことがわかる。

レッドハット作戦、「見えぬ恐怖」との闘い

レッドハット作戦

レッドハット作戦とは、毒ガス移送作戦のことをいう。毒ガス事故が発生した美里村（現沖縄市）知花弾薬庫の貯蔵施設が、レッド・ハット・エリア（赤帽地帯）、と呼ばれたことから名付けられた作戦名である。

移送先は、当初、アメリカ本国内であったが、候補地であったオレゴン州、アラスカ州をはじめ、アメリカ国内から反対世論が高まり、連邦議会ではアメリカ国内への持ち込みを禁止する法律を可決する。加えて、上院本会議でも、「沖縄から米国に化学兵器を移すために支出を認められたか、ないしは支出権限を与えられた資金の使用を認めない。化学兵器の非毒性化あるいは廃棄に必要な資金の支出を認め、同化学兵器の非毒性化、廃棄に使用させる。この廃棄、非毒性化は米国外で行なわれるよう限定する」との「沖縄毒ガス

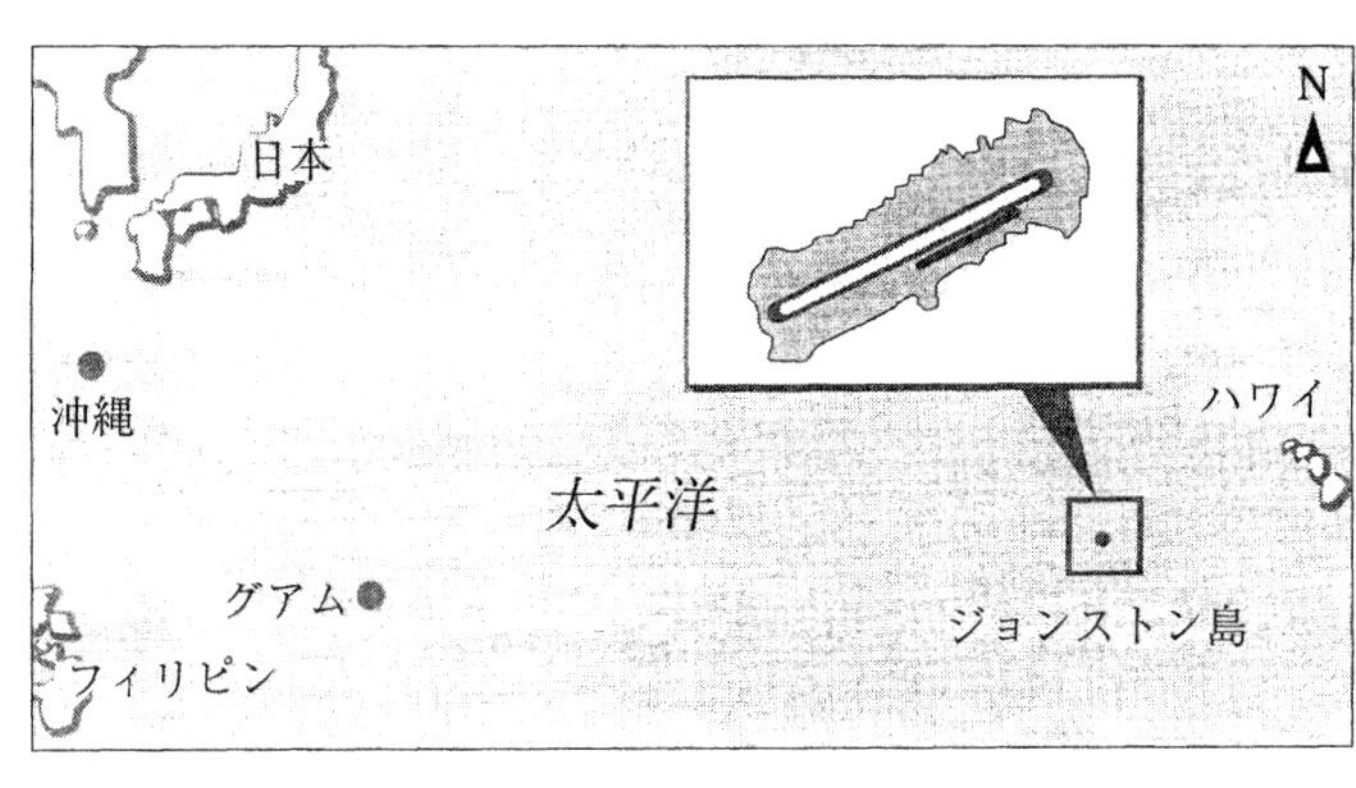

図16　ジョンストン島の位置

米国移送禁止に関する決議」を「決議」する。自国内で毒ガスを製造し、勝手に沖縄に持ち込んでおきながら、本国内への移送禁止、「廃棄、非毒性化は米国外で行なわれるよう限定する」とは、大国を自認する独善・横暴にほかならない。

このような中で、最終的に、移送先として決定されたのが、ハワイの南西約一三〇〇キロに位置するジョンストン島であった。

このジョンストン島の廃棄施設であるが、一九七一年から九一年までの二〇年間に、沖縄、旧西ドイツ、環太平洋地域から集められた四〇万個を超える化学兵器を焼却処理し、野生生物に危険の及ばないレベルまで浄化した、とするアメリカ環境庁の判断によって、二〇〇九年八月、閉鎖された（『琉球新報』二〇一一年一月一三日付）。

一九六九年七月一八日、沖縄の米軍基地内で毒ガ

車両構成図

ス漏れ事故が発生したとの報道以来、七一年一月一三日の第一次移送、七月一五日から九月九日まで五七日間（実働三四日）の第二次移送完了までの二年二か月もの間、住民は毒ガスという「見えぬ恐怖」との闘いを強いられる。

毒ガス移送と住民

第一次移送経路にあたる美里村、石川市（現うるま市）、具志川市（同）では五〇〇〇人以上の住民が避難した。避難のため仕事もできず経済的負担も大きかった。

第一次毒ガス移送の際、琉球政府から調査を依頼された東京大学農学部助手・森敏は「米軍の世界戦略の中で毒ガス兵器はどう位置づけられているか」（沖縄県公文書館所蔵）、において移送にかかわる問題性をつぎのように指摘する。

一　ジョンストン島を中部太平洋戦略基地の新たな一大毒ガス基地とする。

一　沖縄にあるいわゆる致死性毒ガスは〝使用する可能性がある〟から解毒しない。

図17　毒ガス運搬

一　沖縄の毒ガスをジョンストン島に運ぶ際には、経常費の範囲内でおこない、新規予算は本国議会に要請しない。

一　沖縄の毒ガス撤去にともなう「住民の安全対策費」について米軍は関知しない。なぜなら移送は安全である、と考えるから。

一　沖縄の毒ガスは、知花だけにあるとは限らない。

琉球政府は、「毒ガス兵器は米国が一方的に持ち込んだものであり、その撤去、絶対に安全な移送も米国の責任で行なわなければならないのはいうまでもありません。しかしながら、琉球政府も市町村も、住民の生命、財産を守る立場から必要な対策を講じなければなりません」との立場から、屋良主席を長とする「毒ガス撤去対策本部」を設置し、『毒ガスについて——二四の質問に答える——』を発行（沖縄県立図書館所蔵）、住民の不安の払拭に努める。この中から、重要な問答をみてみよう。

問：毒ガス兵器はどのような方法で輸送されるのですか。

答：米軍の計画によると、第一次移送と同様に第二次以降も、沖縄での毒ガス兵器の輸送を「レッドハット作戦」と呼び、知花弾薬庫から天願(てんがん)桟橋まで陸上輸送し、船積みをしてジョンストン島まで海上輸送する計画です。陸上輸送のさいはまず憲兵隊整理車が先導し、そのあとに毒ガスを積載した五～七台のトレーラーがつづき、技術護送班専用車、化学解毒車、予備トラクター、レッカー車、救護車、後尾警護車、さらに各車両群ごとに数種の消火剤を積んだ消防車がつづき、これらの輸送車群を空からヘリコプターで指揮、監督しますが、琉球政府としてはより安全を期すため解毒車を輸送車群の中間と後尾に配置するよう要求し、米軍もこれを了承しています。なお、移送の万全を期すため、作業は日中行なうことになっています。また移送中は対向車を全面的に禁止すると同時に、制限速度、時速二〇マイル、車両間隔最大五〇メートルを保持するなど、きびしい交通規制がしかれます。輸送は一日五回から七回で日中の時間だけ行なわれます。

第二次移送は、長期間に及んだ。軍事評論家の前田哲男は、移送時に沖縄を訪ねていて、この時の状況をつぎのように語る。「住民は避難して誰一人見えず、静けさの中、どくろが描かれた標識の付いた軍用車数台が現れ、二〇～三〇キロの低速で走り去った。標識の不気味さや辺りの静けさ、夏の晴天を今でも鮮明に覚えている」（『琉球新報』二〇一一年一月一三日付）と。また第二次移送は自主避難であったが、高齢者は琉球政府の呼びかけで中部病院に避難入院したが、ストレスで亡くなるお年寄りもいた。

うるま市に住む石川義信は、四〇年前に病院で祖母を失った一人だが、当時を振り返り、「悔しさ」を訴える（『琉球新報』二〇一一年一月一三日付）。祖母は当時九〇歳、毎日家族と食卓を囲み、家畜の餌やりを手伝うなど足腰もしっかりしていた。ところが、避難入院した祖母は「ケーラ（帰ろう）、ケーラ（帰ろう）。ワンネー、マーヤマンヌ（わたしはどこも病んでいない）」と戸惑いの表情をみせ、入院してからほとんど笑うこともなかったという。入院二九日目、祖母は一人、家族に看取られることなく、息を引き取った。石川は、こう語る。「毒ガス移送の避難さえなければ祖母は一人で死んでいなかったのではないか。移送が家族の生活を一気に変えた。祖母のような人がもう出てほしくない」と。

第二次移送の場合は、自主避難だったが、警察官が見回ったり、区長が一軒一軒確認する地域もあって、半ば強制的なものであった。「いつガスが漏れるか分からない」という「見えぬ恐怖」だけではなく、長い避難の日々が住民を苦しめた。うるま市石川美原区の名嘉真（なかま）シゲ子（八〇歳）は、「四人の子どもを連れて伊波小学校へ避難した。ひしめき合うように集まった避難者のうち、乳飲み子を抱える母親はグラウンドの木陰で、子どもをあやしながら移送の間を過ごした。不安のせいか泣き叫ぶ子どもの姿もあり、『まるで戦時中だった』」（『琉球新報』二〇一一年一月一四日付）という。「畑仕事の効率が上がらない

図18　トラック前面には「爆発物」「毒性物」とある
（沖縄県公文書館所蔵）

と嘆いたり、家畜を飼っていたため、避難中に置いてけぼりとなる家畜を心配して大急ぎで帰って餌を与える人もいた」、「毎朝準備をして、避難する生活は家事が進まずに負担があったし、みんな疲れ切っていた」との証言もある（同前）。

移送は、住民の生活ばかりか、学校現場にも影を落とした。第一次移送は具志川、石川、美里の小中高が休校、第二次移送では具志川、石川、コザ、美里の小中高が夏休みの延長や前倒しで対処した（同前）。このことに関連して、沖縄で最初の芥川賞作家である大城立裕は「毒ガス騒ぎのなかで」の論稿で、つぎのように書く。「毒ガス移送事件は……あれほど大騒ぎすべきであったろうか、ということに私の関心は向いている。政治問題として大きく騒ぎたてることによって、よりはやくより安全に移送を完了し、ひいては基地維持について日米両政府にショックをあたえよう、という意図は私も理解しているつもりであるが、それによってもたらされる社会的不安というマイナスとどちらを重視すべきであろうか、と疑う。少なくとも、幼少年の児童生徒たちの将来のことを、おとなたちはどれほど正しく考えてくれたろうか、疑っている」(『同化と異化のはざまで』潮出版社、一九七二年、五九頁)と。大城は、毒ガス移送そのものに疑いの眼を向け、加えて毒ガス移送とそれが児童生徒に与える影響を論じ、暗に、後者に重きを置くべきだと考えているようである。毒ガス移送と児童生徒の将来は、次元の異なる問題ではあるが、両者を切り離してとらえてはならない。

九月九日、第二次移送が完了するや、屋良主席は「毒ガス撤去完了の声明」を発表する。内容の骨子は、「毒ガス兵器が沖縄に存在していることを知らされたとき、大きな衝撃を受け、不安と恐怖の念にかられながらも、県民とともに直ちに米国に抗議し、その即時完全撤去を要求しました。その結果、米軍も、これらの兵器を運び出さざるを得なくなり、いわゆる『レッドハット作戦』によって、それが実現したものであります」であった。

本章を、屋良主席が日記に書き記した言葉で終えることにしたい。「最終回の最後の移送車が通過した時には、流石(さすが)に救われたと思った。待ちに待った日が遂に来た。しかも無事故で、沖縄にとり、私にとり、行政にとって歴史的瞬間である」と。

沖縄返還から四〇年をへて——エピローグ

一九四五年四月一日から一九七二年五月一五日までの二七年間、アメリカは沖縄を占領統治する。日本は、一九五二年四月二八日発効のサンフランシスコ平和条約によって独立する。だが、沖縄は日本から切り離され、アメリカの占領統治下に置かれたままとなる。沖縄の人たちは、四月二八日を「屈辱の日」としてとらえ、毎年、沖縄返還のデモ行進を繰り返した。この時、みなの気持ちをひとつにしたのが「沖縄を返せ」の叫びであった。

固き土を破りて　民族の怒りに燃える島　沖縄よ
我等と我等の祖先が　血と汗をもて
守り育てた　沖縄よ
我等は叫ぶ沖縄よ　我等のものだ沖縄は

沖縄を返せ　沖縄を返せ

だが、アメリカ本国政府は、沖縄を極東戦略の重要拠点と位置付け、一九五〇年代前半から基地建設のため強制的に土地接収を続ける。国際政治学者で「日本政策研究所」所長のチャルマーズ・ジョンソンは『アメリカ帝国への報復』（集英社、二〇〇〇年）の中で、「アメリカは太平洋に浮かぶ最も美しい亜熱帯の土地を傷つけ、米軍基地がなければ可能だったはずの暮らしを沖縄の人びとから奪ったのだ」と批判するが、そのとおりである。そして平恒次（たいらこうじ）イリノイ大学名誉教授は「沖縄『独立』への道」（「沖縄『自立』への道を求めて」高文研、二〇〇九年、所収）において、「沖縄のアメリカ軍事基地は、日本国の国防の大部分を生産しています。問題は、国防を生産する基地が居座る土地は沖縄にとっては、民生に寄与する市場価値の生産のために極めて望ましい資源」と指摘し、基地のもつ非生産性を鋭く突く。

一九五五年一月、『朝日新聞』が「米軍の『沖縄民政』を衝（つ）く」のキャンペーンを張っていた頃、アジア諸国会議が開かれるが、席上、東京裁判の判事でもあったインド代表のパールは、沖縄における強制的土地接収をふくめた米軍の横暴を黙認する日本政府に対し、「日本人は米国への遠慮で主張すべきことも主張出来ないでいるのではないか」と批判する。それから五七年が経過し、世界を取り巻く情勢も大きく変化したというのに、日本のアメリカにたいする外交姿勢だけは変化していない。

二〇一〇年七月、沖縄返還交渉に深くかかわった元国防総省次官補代理のモートン・ハルペリンは、「沖縄の基地構造は、沖縄が基地であり、永久にそうあり続けるという前提に立っている。米軍は本土にも基地を置いたが、日本の領土だと認識していた。だが沖縄は島全体が基地だと認識していた。もし沖縄が基地ではなく日本の領土だと認識していたら、どのような基地構造であるべきか自問自答できるだろう。だがいまだに真剣に考えていない」(『琉球新報』二〇一〇年七月一九日付)と語り、日米両政府の基地への対応を批判する。

また二〇一一年九月、新アメリカ財団戦略問題部長のスティーブン・クレモンスは「世界の力関係が崩れ、予測不能な勢力が台頭してくる中、対米依存度が高いままの日本は、勢いを増す世界のダイナミズムをうまく利用できない。新たな世界が形成されるまで、日本は『崩れた米国の支配網』のがれきの下に捕らわれたままになるだろう」(『沖縄タイムス』二〇一一年九月二日付)と警告を発する。アメリカは、今、軍事国家としての機能喪失、ドル通貨の信用失墜によって「衰えたアメリカ」に陥っている。日本が、このアメリカに従属し続ける限り、主権国家としての地位の確立も、複雑にからみあう沖縄問題を解決する糸口も、見出せないままとなる。

二〇一二年二月二一日、日本政府は沖縄返還時の原状回復費四〇〇万ドルの肩代わりをめぐる日米両政府の「密約」問題について、「長期間、国民に明らかにされてこなかったことは遺憾だ」とする一方、「密約」をスクープ、のちに国家公務員法違反で有罪となった元毎日新聞記者の西山太吉（にしやまたきち）に対し、公式に謝罪する意思はなく、名誉回復措置を取る考えもないことを閣議決定する。これは、アメリカに優しく、国内には厳しく、とした自民党政権とまったく変わらない構図である。政府は、「歴史的な評価は今後定まってくる」とするが、これではいつまでたっても日本は、真の意味での民主国家にはなりえない。

一九六〇年一月一九日に締結された日米地位協定には、「共同に使用される施設」を除いて「日本国に合衆国軍隊を維持することに伴うすべての経費は……日本国に負担をかけないで合衆国が負担する」と明記されている。だが、ベトナム戦争——正しくは「ベトナム戦争」ではなく、アメリカの侵略による「アメリカ戦争」——の最中、時の金丸信（かなまるしん）防衛庁長官は、「思いやり予算」でもって米軍が負担すべき日本人基地従業員の福利厚生費の一部を防衛庁が負担することを認める。この支出には法的根拠がないと記者団から突かれたとき、金丸は「思いやりが根拠だ」と答えたのが最初で、その後、アメリカ側の要求額は拡大し続ける。

「思いやり予算」を歳出ベースでみると、初年度の一九七八年には六二億円であったものが、年々増額し、九一年には米軍人軍属の使用する光熱費・水道料までもが加わる。九九年には最高の二七五六億円に達した。初年度の四四倍余である。以降、少しずつ減少するが、それでも二〇一一年時点で一八五八億円となっている（防衛省資料）。アメリカは世界三九か国に基地をもっているが、基地で働く地元民の経費および米軍人軍属の光熱費・水道料をも負担しているのは日本のみである。ペンタゴン（アメリカ国防総省）は「思いやり予算」とは言わず、「ホスト国による援助」というごまかしの言い方をする。

日本の為政者は、ある提言を肝に銘じてもらいたい。ある提言とは、二〇一一年九月一三日の『沖縄タイムス』「ぼくも　私も」の欄に載った宜野湾中学校二年生屋嘉比陽奈さんの「県民の気持ち分かって」である。「九月にまた総理大臣が代わりました（菅直人から野田佳彦へ）。私はこんなに総理大臣が代わるのはおかしいと思います。今年は三月に大地震があったので、今だからこそより安定した日本づくりが大事だと私は思います。沖縄にある基地問題も一時的に話題になるだけで、なんの解決にもならないままです。その間に沖縄の基地問題は消えてゆくだけです。私たち沖縄県民は何度訴えればわかってもらえるのでしょうか。正直今の総理大臣にも期待が持てません。もし、基地が無くなったら私たちの暮らしはどんなに楽しくなるでしょうか。音もうるさくなくなるし、授業も楽しくなると思います。政府は私たち県民の気持ちもちゃんと理解した上で、しっかりとした対策を練ってほしいと思います」。アメリカに媚（こび）を売るのを止め、「しっかりとした対策を練って」から外交に臨めば、新しい道も開けてこよう。

少女のもつみずみずしい感性と想像力に満ちた提言を、沖縄の地に生きる者が共有することも、大切といえる。

あとがき

『沖縄 空白の一年 一九四五―一九四六』(吉川弘文館、二〇一一年)では、沖縄戦・「戦後」沖縄の激烈な一年間の動きを追究した。

本書は、この対象とした時期に加えて、一九七二年五月一五日の沖縄返還にいたる占領下の人びとの生活と苦闘を描くことにつとめた。

見えたのは、いまなお基地がもつ重みである。なぜ、そうなったのか。それは、沖縄返還交渉過程で、「基地構造を変える計画を作らなかった」、日米両政府の責任にある。注意しなければならないのは、日米両政府の責任といっても、地元沖縄はいつも蚊帳(かや)の外に置かれている、ということである。

二〇一二年二月二四日、驚くべき事態が起こった。それは仲井真弘多(なかいまひろかず)沖縄県知事が、第三二軍司令部壕跡に設置予定の説明板文案から「慰安婦」ならびに「司令部壕周辺では日本軍に『スパイ視』された沖縄住民の虐殺などもおこりました」の削除を決定したことである。このことは知事の歴史認識にたいする浅薄さを露呈したものであり、みずから沖縄戦の実相を葬り去った愚挙といえる。

本書執筆中に、アメリカの国債が、はじめて、最上位の「AAA」（トリプルA）から格下げされたというニュースが飛び込んできた。綱渡り的に維持してきたドルの基軸通貨としての役割は終わったといってもよい。「大国の興亡」の象徴である。それは四〇年前の一九七一年八月一五日、時のアメリカ大統領ニクソンによるドルと金の交換停止、いわゆるニクソン・ショックと重なる。新たな課題が生じた。本書の「ドルから円」の中でも論じたが、ニクソン・ショックから一九七二年五月一五日の沖縄返還までの『姿』を根底から追ってみたい。

本書を執筆するにあたり、前著『沖縄　空白の一年　一九四五―一九四六』（吉川弘文館、二〇一一年）にも増して、松田賀孝琉球大学名誉教授、新木順子大学非常勤講師、それに私の三人ですすめている『戦後沖縄住民生活史研究会』が大きな支えとなった。

図表作成は、前著に引き続き、読谷村史編集室・豊田純志氏のお世話になった。記して厚くお礼申し上げる。

編集担当の永田伸氏は、細かな指摘と調整をなさってくださり、一般書のもつ内容になるようお力添をいただいた。永田氏の隅々まで行き届いた目配りに感謝の言葉を申し上げたい。永田氏を引き継がれた並木隆氏には、制作段階から刊行にいたるまで、細部にわたる指摘とアドバイスをいただいた。この場を借りて感謝の意を表したい。

二〇一二年は、沖縄返還四〇年である。本書が、激動して止まない沖縄の今日的状況を考える際に少しでも役に立てば、幸いである。

二〇一二年五月一五日　沖縄返還四〇年の日に

川平成雄

著者紹介

一九四九年　与那国島に生まれる
一九八六年　法政大学大学院人文科学研究科博士課程修了
現　在　琉球大学法文学部教授
専　攻　沖縄社会経済史

主要著書
『沖縄・一九三〇年代前後の研究』（藤原書店、二〇〇四年）
『沖縄　空白の一年　一九四五―一九四六』（吉川弘文館、二〇一一年）

歴史文化ライブラリー
354

沖縄　占領下を生き抜く
軍用地・通貨・毒ガス

二〇一二年（平成二十四）十月一日　第一刷発行

著　者　川平成雄（かびらなりお）

発行者　前田求恭

発行所　株式会社　吉川弘文館
東京都文京区本郷七丁目二番八号
郵便番号一一三―〇〇三三
電話〇三―三八一三―九一五一〈代表〉
振替口座〇〇一〇〇―五―二四四
http://www.yoshikawa-k.co.jp/

印刷＝株式会社 平文社
製本＝ナショナル製本協同組合
装幀＝清水良洋・大胡田友紀

© Nario Kabira 2012. Printed in Japan

歴史文化ライブラリー

1996.10

刊行のことば

現今の日本および国際社会は、さまざまな面で大変動の時代を迎えておりますが、近づきつつある二十一世紀は人類史の到達点として、物質的な繁栄のみならず文化や自然・社会環境を謳歌できる平和な社会でなければなりません。しかしながら高度成長・技術革新にともなう急激な変貌は「自己本位な刹那主義」の風潮を生みだし、先人が築いてきた歴史や文化に学ぶ余裕もなく、いまだ明るい人類の将来が展望できていないようにも見えます。このような状況を踏まえ、よりよい二十一世紀社会を築くために、人類誕生から現在に至る「人類の遺産・教訓」としてのあらゆる分野の歴史と文化を「歴史文化ライブラリー」として刊行することといたしました。

小社は、安政四年（一八五七）の創業以来、一貫して歴史学を中心とした専門出版社として書籍を刊行しつづけてまいりました。その経験を生かし、学問成果にもとづいた本叢書を刊行し社会的要請に応えて行きたいと考えております。

現代は、マスメディアが発達した高度情報化社会といわれますが、私どもはあくまでも活字を主体とした出版こそ、ものの本質を考える基礎と信じ、本叢書をとおして社会に訴えてまいりたいと思います。これから生まれでる一冊一冊が、それぞれの読者を知的冒険の旅へと誘い、希望に満ちた人類の未来を構築する糧となれば幸いです。

吉川弘文館

〈オンデマンド版〉
沖縄 占領下を生き抜く
軍用地・通貨・毒ガス

On Demand
歴史文化ライブラリー
354

2021年（令和3）10月1日　発行

著　者　川平成雄（かびらなりお）
発行者　吉川道郎
発行所　株式会社　吉川弘文館
〒113-0033　東京都文京区本郷7丁目2番8号
TEL　03-3813-9151〈代表〉
URL　http://www.yoshikawa-k.co.jp/

印刷・製本　大日本印刷株式会社
装　幀　清水良洋・宮崎萌美

川平成雄（1949～）
© Nario Kabira 2021. Printed in Japan
ISBN978-4-642-75754-6

JCOPY　〈出版者著作権管理機構　委託出版物〉
本書の無断複写は著作権法上での例外を除き禁じられています．複写される場合は，そのつど事前に，出版者著作権管理機構（電話 03-5244-5088，FAX 03-5244-5089，e-mail: info@jcopy.or.jp）の許諾を得てください．